edition suhrkamp

Redaktion: Günther Busch

Bertolt Brecht, geboren am 10. Februar 1898 in Augsburg, starb am 14. August 1956 in Berlin.

Der Materialienband zu Brechts Stück *Der gute Mensch von Sezuan* weicht in einem wesentlichen Punkt von den ihm vorangegangenen Materialienbänden ab; ausführlicher als seine Vorgänger demonstriert und belegt er Brechts *Arbeitsmethode* und die allmähliche Entwicklung der Grundgedanken von den ersten, provisorischen Notizen über die »Arbeitspläne« und die Konstruktion der Fabel bis zu den verschiedenen Neufassungen einzelner Szenen. Im zweiten Teil sind einige wichtige Interpretationen des Stücks zusammengefaßt. Der Anhang bringt Daten zum Stück, eine Bibliographie, die Aufführungsliste und ein Nachwort des Herausgebers.

Materialien zu Brechts ›Der gute Mensch von Sezuan‹

Zusammengestellt und redigiert von Werner Hecht

Suhrkamp Verlag

edition suhrkamp 247
7. Auflage, 55.-64. Tausend 1974

Satz, in Linotype Garamond, Druck und Bindung bei Georg Wagner, Nördlingen. Gesamtausstattung Willy Fleckhaus.

Inhalt

Die Maske des Bösen

An meiner Wand hängt ein japanisches Holzwerk
Maske eines bösen Dämons, bemalt mit Goldlack.
Mitfühlend sehe ich
Die geschwollenen Stirnadern, andeutend
Wie anstrengend es ist, böse zu sein.

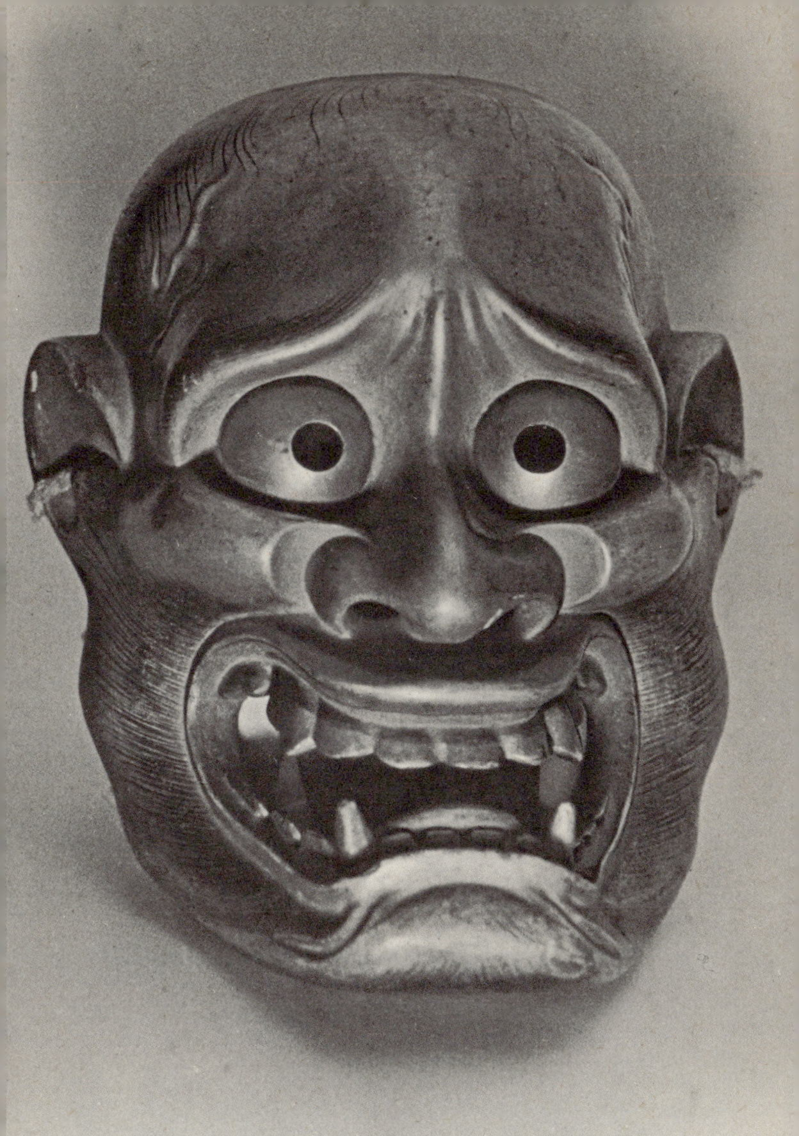

Arbeitsmaterial

Notizen zur Arbeit am Stück

Vor ein paar Tagen habe ich den alten Entwurf von »Der gute Mensch von Sezuan« wieder hervorgezogen (in Berlin begonnen als »Die Ware Liebe«). Es existieren fünf Szenen. Vier davon sind zu brauchen. Es ist Scharadenarbeit, schon der Umkleide- und Umschminkakte wegen. Ich kann aber dabei die epische Technik entwickeln und so endlich wieder auf den Standard kommen. Für die Schublade braucht man keine Konzessionen.
Interessant, wie sich bei diesen dünnen Stahlkonstruktionen jeder kleinste Rechenfehler rächt. Da ist keine Masse, die Ungenauigkeiten ausgleicht.
15. März 1939

Grübelei über den »Guten Menschen«. Wie kann die Parabel Luxus bekommen? Wie kann der Eindruck der Milchmädchenrechnung vermieden werden? Dem Ausgerechneten entspricht das Niedliche. Das Mädchen muß eine große, kräftige Person sein. Die Stadt muß eine große, staubige, unbewohnbare Stadt sein. Das Handicap ist: zuviel Handlung. Kein Platz für Abschweifung und Umweg. So ist alles zu sehr rationalisiert. Dramatischer Taylorismus. Nebenbei muß die Gefahr der Chinoiserie bekämpft werden. Gedacht ist eine chinesische Vorstadt mit Zementfabriken und so weiter. Da sind noch Götter und schon Flugzeuge. Vielleicht soll der Liebhaber ein arbeitsloser Flieger sein?
Mai 1939, Pfingsten

Immer noch über dem »Guten Menschen«. Erste Szene wieder umgearbeitet. Die Hauptsache war es, auch in den bösen Lao Go Entwicklung hineinzubringen. Dann wurde das Stück zu lang. Meine Zeitzettel für die Szenen zeigten schreckliche Verspätungen. Nun sind Fünfstundenstücke für den Dreistundentag nicht zu lang, insbesondere, wenn sie episch, das heißt nicht anstrengend sind. Aber jetzt sind zweieinhalb Stunden genug.
15. Juli 1939

Ich komme ins Stocken bei der Arbeit an der *Parabel.* Sie fließt nicht voll. Vieles ist zu spitzfindig. Das Ganze besteht noch aus Stellen. Schönen, realistischen, scharfsinnigen – und anderen.
11. September 1939

Ich nahm die Arbeit an »Der gute Mensch von Sezuan« ernstlich auf. Das Stück ist in Berlin begonnen, in Dänemark und Schweden aufgenommen und beiseite gelegt worden. Ich hoffe es hier fertig zu bekommen.
6. Mai 1940

Ich gehe jetzt zum xten Male den »Guten Menschen von Sezuan« durch, Wort für Wort mit Grete.
11. Juni 1940

Im großen und ganzen fertig mit dem »Guten Menschen von Sezuan«. Der Stoff bot große Schwierigkeiten, und mehrere Versuche, ihn zu meistern, seit ich ihn vor etwa zehn Jahren angriff, schlugen fehl. Vor allem mußte dem Schematischen ausgewichen werden. Li Gung mußte ein Mensch sein, damit sie ein guter Mensch sein konnte. Sie ist also nicht stereotyp gut, ganz gut, in jedem Augenblick gut, auch als Li Gung nicht. Und Lao Go ist nicht stereotyp böse und so weiter. Das Ineinanderübergehen der beiden Figuren, ihr ständiger Zerfall und so weiter scheint nun halbwegs gelungen. Das große Experiment der Götter, dem Gebot der Nächstenliebe das Gebot der Selbstliebe hinzuzufügen, dem »Du sollst zu andern gut sein« das »Du sollst zu dir selbst gut sein« mußte sich zugleich abheben von der Fabel und sie doch beherrschen. Die moralischen Prästationen mußten sozial motiviert sein, jedoch mußten sie auch einem besonderen Vermögen (besonderem Talent, besonderer Veranlagung) zugeschrieben werden.
20. Juni 1940

Ein Weltreich ist zusammengestürzt, und ein zweites wankt in seinen Grundfesten, seit ich die letzte Fassung des »Guten Menschen von Sezuan« begonnen habe, die finnische. Ich begann das Stück in Berlin, arbeitete daran in Dänemark und in Schweden. Es machte mir mehr Mühe als je ein anderes Stück vorher. Ich trenne mich ganz besonders schwer von der Arbeit. Es ist ein Stück, das ganz fertig sein müßte, und das ist es nicht.

29. Juni 1940

Es ist unmöglich, ohne die Bühne ein Stück fertigzumachen. The proof of the pudding ... Wie soll ich feststellen, ob etwa die 6. Szene des »Guten Menschen« noch die Erkenntnis der Li Gung von dem (sozialen) Grund der Schlechtigkeit ihres Freundes aushält oder nicht? Nur die Bühne entscheidet über die möglichen Varianten. Außer »Mutter« und »Rundköpfe« ist seit der »Johanna« alles, was ich schrieb, ungetestet.

30. Juni 1940

Wir grübeln noch über der Frage: Brot und Milch oder Reis und Tee für die »Sezuanparabel«. Natürlich, es gibt in diesem Sezuan schon Flieger und noch Götter. Alle Folklore habe ich sorgfältig vermieden. Andrerseits ist nicht beabsichtigt, aus den französische Weißbrote essenden Gelben einen Witz zu machen. Das London der »Dreigroschenoper« und das Kilkoa von »Mann ist Mann«, diese poetischen Konzeptionen scheinen geglückt. Zur Diskussion steht: Soll man nur die sozialen Anachronismen beibehalten? Die den Göttern (und der Moral) auf den Leib rückende Industrie, die Invasion europäischer Gebräuche, damit bewegte man sich noch auf realem Boden. Aber weder Industrie noch Europäertum wird den Reis mit dem Brot ersetzen. Hier hat man dann das Chinesische als reine Verkleidung und als löchrige Verkleidung! Leider kann ich mir hier in Helsingfors auch keine Aufklärung verschaffen.

2. Juli 1940

Ganz unfähig, Dramatisches zu arbeiten. Dabei wäre es nötig, den »Guten Menschen« fertigzustellen; es handelt sich nur noch um Details.

30. Juli 1940

Die kleinen Korrekturen des »Guten Menschen« kosten mich ebensoviel Wochen, wie die Niederschrift der Szenen Tage gekostet hat. Schwierig, bei dem festgelegten Wegziel den winzigen Szenchen dieses Unverantwortliche, Zufällige, Passable zu verleihen, das man »Leben« nennt! Dabei ist, zum Schluß!, eine Kardinalfrage zu entscheiden, die Behandlung des Problems Li Gung – Lao Go. Es ist möglich 1. bei einer Dehnung des Parabelelements eine naive Auseinandersetzung Götter – Li Gung – Lao Go, so daß alles im Moralischen bleibt und zwei widersprechende Prinzipien (zwei »Seelen«) getrennt auftreten, und 2. eine einfache Erzählung, wie Li Gung sich in einen Vetter verkleidet und dabei die Erfahrungen und Qualitäten benutzt, die ihr Leben im Rinnstein in ihr hervorgebracht hat. Eigentlich ist nur 2. möglich, sonst müßte die Entdeckung der Schin (in 7) und das Gespräch der Schin mit dem schwangeren Lao Go und das Motiv von der Unhaltbarkeit des Doppelspiels infolge der Schwangerschaft wegfallen. Die Verwandlung vor dem Vorhang (4a) ist nichts Mystisches, sondern lediglich die artistische Lösung, eben durch eine Pantomime mit einem Song. Die Schwierigkeit wird akut in den Ansprachen, die Lao Go gelegentlich an das Publikum hält. Die Frage ist, ob er das nicht mit Li Gungs Stimme und also auch Haltung tun muß. Im Grund reduziert sich alles auf die Führung der 5. Szene. Dort ist eine Äußerung Lao Gos nötig, damit die Änderung seiner Haltung verständlich wird. Er hat aber keinen Vertrauten, und das Publikum kann er nicht zum Vertrauten machen – als Lao Go. Zudem ist Li Gungs Fall am Ende der Szene bei Lösung 2 schwerer zu verstehen als bei Lösung 1. Es bleibt als Erklärung nur, daß sie eben hier auch als Li Gung angeredet wird. Überhaupt sind die Elemente *gut* und *böse* für ein realistisches Verkleidungsstück zu sehr isoliert. Es müßte dann doch wohl Entgleisungen geben. Am realistischsten ist da die 9. Szene. Vielleicht kann man zuziehen, daß Li Gung zur Darstellung des Lao Go sehr große Anstrengung benötigt und, in ihren gewöhnlichen Kleidern und vor Leuten, die sie als Li Gung kennen und ansprechen, nicht mehr in der Lage ist, böse aufzutreten. Hier liegt eine wichtige Erkenntnis: wie leicht es ist für sie, gut zu sein, und wie schwer es ist, böse zu sein.

9. August 1940

Lange Unlust, dann Gretes Krankheit haben die Arbeit am »Guten Menschen von Sezuan« hinausgeschoben. Jetzt beende ich ihn. Da das Stück sehr lang ist, will ich es doch mit Poetischem versehen, einigen Versen und Liedern. Es mag leichter und kurzweiliger werden dadurch, wenn es schon nicht kürzer werden kann. Das Stück beweist, daß die neuere Dramatik eine Kürzung der Arbeitszeit verlangt. Es kann leicht sein, daß sogar Mittagsstunden für sie freigehalten werden müssen. Die klassische griechische Dramatik bediente sich der Tagesstunden, auch die elisabethanische; so hatte sie mehr Intelligenz und Frische zur Verfügung. – Man sieht, es gibt einige Hindernisse, welche nur Weltkriege hinwegräumen könnten.

25. Januar 1941

»Das Lied vom Rauch« beendet, »Das Lied vom achten Elefanten« und »Das Terzett der entschwindenden Götter auf der Wolke« gemacht (das erste vom Rauch mit Grete).

26. Januar 1941

»Der gute Mensch von Sezuan« ist das 6. Stück, das zunächst nicht wird aufgeführt werden können. (»Die heilige Johanna der Schlachthöfe«, »Furcht und Elend des Dritten Reichs«, »Leben des Physikers Galilei«, »Mutter Courage und ihre Kinder« und »Herr Puntila und sein Knecht Matti«.)

30. Januar 1941

»Der gute Mensch von Sezuan« ist in zahlreichen Exemplaren seit Monaten an Freunde (in der Schweiz, in Amerika, in Schweden) verschickt, und noch nicht ein einziger Brief darüber ist eingelaufen. Die Bajonette der Sieger von 1870 mögen das »Kapital« in Europa zum Sieg geführt haben, die Tanks der Sieger von 1940 begraben unter sich den »Guten Menschen von Sezuan«.

20. April 1941

Wenn ich meine letzten Stücke betrachte und vergleiche, »Galilei«, »Mutter Courage«, »Furcht und Elend«, »Der gute Mensch von Sezuan«, »Herr Puntila und sein Knecht Matti«, »Aufstieg des Ui«, so finde ich sie abnorm uneinheitlich in

jeder Weise. Selbst die Genres wechseln unaufhörlich. Biographie, Gestarium, Parabel, Charakterlustspiel im Volkston, Historienfarce – die Stücke streben auseinander wie die Gestirne im neuen Weltbild der Physik, als sei auch hier irgendein Kern der Dramatik explodiert. Dabei ist die Theorie, die ihnen unterliegt oder abgezogen werden kann, ihrerseits sehr bestimmt gegenüber andern Theorien. Man darf vielleicht auch nicht vergessen, daß die Zeit die verschiedenen Werke eines Dichters zusammenschmilzt; wie könnten sonst »Räuber«, »Braut von Messina«, »Tell« oder »Iphigenie«, »Faust«, »Clavigo« unter einen Hut geraten sein?
24. April 1941

Der Schauspieler Revy meint, daß die Erwähnung des erwarteten Kindes dem Schluß des »Guten Menschen von Sezuan« jenes Minimum des Positiven verleihen könnte, das alle vermissen. Meiner Meinung nach würde es genügen, wenn Shen-te, die Götter anflehend, sie nicht im Stich zu lassen, auf ihr Kind hinweist, das sie nicht in eine solche Welt zu bringen wagt. – Allen nicht aufgeführten Stücken fehlt dies und das. Ohne das Ausprobieren durch eine Aufführung kann kein Stück fertiggestellt werden.
11. Mai 1942

Frankfurt führt »Der gute Mensch von Sezuan« auf. (Da Buckwitz, der an den Kammerspielen war, als ich in München die »Courage« inszenierte, dort Intendant ist.) Ich war vier Tage dort und versuchte, der Aufführung zu Deutlichkeit und Leichtigkeit zu verhelfen.
16. November 1952

Vorarbeiten

FANNY KRESS
ODER DER HUREN EINZIGER FREUND

ist die Hure. Die Hure verkleidet sich als Mann (Zigarrenhändler), um ihnen allen zu helfen. Nun sieht sie, wie alle Huren einander verraten und jede versucht, den Mann zu kapern.

Etwa 1927

[ZU:] DIE WARE LIEBE

Die Ware Liebe
Eine junge Prostituierte sieht, daß sie nicht zugleich Ware und Verkäufer sein kann. Durch ein günstiges Geschick bekommt sie eine kleine Geldsumme in die Hand. Damit eröffnet sie einen Zigarrenladen, in dem sie in Männerkleidern den Zigarrenhändler spielt, während sie ihren Beruf als Prostituierte fortsetzt.

Die Ware Liebe
(Zwei Fassungen)

1
Sie ist der Zigarrenhändler, der einen Gehilfen hat. Den beutet sie aus. Wenn er mit ihr schläft, beutet er sie aus. Dann kriegt sie ein Kind und verschwindet als Mädchen. Wird er, der weiß, daß sie bei dem Zigarrenhändler zuletzt gesehen wurde, seinen Brotgeber anzeigen? Er tut es nicht. Schon vorher ist sie zu dem Händler gegangen, um sich über ihn zu beschweren. Er hat ihm geschworen, sich anständig zu benehmen, aber das Kind will er dann diesem zuschieben. Überhaupt will er ihn erpressen. Und will er, daß sie von ihm Geld herausholt. Dann kriegt sie das Kind, ist hilflos und Wachs in seiner Hand.

2
Sie ist ihr eigener Zutreiber. Nämlich: sie tritt bei dem Händler als Gehilfe ein. Und vermittelt. Als das Mädchen verschwindet, erpreßt sie ihn. Als Zutreiber hat sie sozusagen eine erstklassige Ware in der Hand, die sie nach allen Marktregeln ausschlachtet. So kann sie den Zigarrenladen kaufen.

3
Sie hat einen Verkäufer (Ludwig), den sie als Zigarrenhändler in Schach hält. Ähnlich wie 1.

[Textentwurf]

DAS MÄDCHEN: Das Schlimmste ist, daß ich keinen einzigen Freund habe. So muß ich entweder schlecht und hartherzig werden oder zugrunde gehen, indem ich zu entgegenkommend bin. Wenn ich einen Freund hätte, könnte ich bleiben, wie ich bin, was ich gern möchte.

Wenn der Herr vorübergeht an mir und ich wasche seinen Boden auf, erregt ihn der Anblick meiner Beine, und er greift nach mir. Dabei ist ihm dies selber unangenehm. Sein schlechtes Gewissen steht ihm im Gesicht geschrieben. Und auch der Besitzer wünscht mich allein zu treffen.

Etwa 1930

Pläne

STÜCKPLÄNE

[Plan 182/5]

Vorspiel
1 Die Hure bekommt einen Tabakladen
2 Der Herr Vetter muß ihn retten
3 Die Hure verliebt sich
4 Der Herr Vetter soll es bezahlen
5 Der Hure einziger Freund
6 Die Heirat der Hure
7 Der Verdacht
8 Prozeß

[Plan 181/29–35]

0 *Vorspiel*
Die Götter suchen einen guten Menschen

1 *Tabakladen*
Li Gung macht einen Tabakladen auf

2 *Tabakladen*
Der Herr Vetter muß ihn retten

3 *Allee am Abend*
Li Gung verliebt sich

4 *Barbierstube*
Der Herr Vetter soll es bezahlen

5 *Tabakladen*
Der Herr Vetter plant eine Vernunftheirat, aber was hilft Vernunft den Liebenden?

6 *Restaurant*
Li Gungs Liebesheirat

7 *Li Gungs Kammer*
Mutterfreuden und der feuchte Fleck

8 *In der Vorstadt*
Ein Laden für Li Gungs Sohn

9 *Tabakladen*
Wo ist der Engel der Vorstädte?

10 *Vor Gericht*
Die Götter erkennen ihren guten Menschen von Sezuan wieder

[Plan 181/37–50]

0 *Straße in der Vorstadt*
Die Götter suchen einen guten Menschen

1 *Tabakladen*
Eröffnung und Ruin eines Tabakladens

2 *Tabakladen*
Der Herr Vetter saniert

3 *Park am Abend*
Liebe, eine Himmelsmacht

4 *Platz vor dem Tabakladen*
Der Tabakkönig

5 *Tabakladen*
Kampf des Herrn Vetters mit dem Tabakkönig

6 *Restaurant*
Die Liebesheirat

[Großer Arbeitsplan 181/1–10]

[Transkription der handschriftlichen Notizen]

[Zu 1]
Freundlichkeit der L G / Schreiner: vor Zeugen Anspruch notiert / »Zerbrecht nicht das Wassergerät!« / Hauswirtin / Die Invasion *ehrlicher* Leute! / Die Hauswirtin: Ja, eine Option, aber nicht bezahlt! / Über die Hauswirtin: sie wollte ihn selber, sie hat Baracken / Die 7 Säcke Rohtabak / Die Verächter müssen an die Götter glauben / Statt Schreiner: die dicke Hure / Die 8 schreien: Der Großvater
[Zu 2]
LG Ich muß weg / Schin: sein Rat ist ein Schild: Laden zu verkaufen / Die Familie / Der Schreiner / Der Polizist / Diebesgut. Sie wollen es nicht mitnehmen / Die Hauswirtin verlangt Miete oder kündigt
[Zu 3]
Li Gung: Lob des Regens / Alles oder nichts ist seine Parole
[Zu 4]
Vorschlag *Meineid* vom Arbeitslosen / Lied der LG: / Warum haben die Götter nicht Tanks und Kanonen? / Schlachtschiffe und Bombenflugzeuge und Minen / Die Bösen zu fällen, die Guten zu schonen / Es stünde nicht besser mit uns und mit ihnen! / Sie zeigt Sun triumphierend das Kuvert mit der Miete / Die Miete wird nicht bezahlt
[Zu 5]
Er will keinen Laden, er will fliegen / Der Barbier bietet seine Baracken an
[Zu 6]
Sie haben alle zu rauchen / »Raucht! Raucht den Laden auf!«
3 4 2 5 6 7 1
/ »Der Laden geht in Rauch auf heut« / Sie hat Unterkunft für die Schützlinge / Sun verbirgt seine Hand.
[Zu 7]
(Im Hof spielend, die Wäsche wird gewaschen) / Sun erfährt von der Schwangerschaft / Frau Yu: Anstatt für 2 zu packen, nur für sich. – Er wollte mich zurücklassen. / Li Gung er-

kennt. / Beim Wäschehängen wird Li Gung schwindlig / Schan soll noch fliegen / Sun verbirgt seine Hand / Li Gung gesteht, sie lud ihn nicht zur Hochzeit, weil sie ihm nicht in die Augen schauen konnte / Er zeigt ihr, daß er die Hand fast nicht brauchte. / Die Arbeitslosen *begrüßen* die Arbeit

[Zu 8]

Ich fürchtete, er würde sich aufhängen, aber er war wohl zu hungrig dafür.

[Zu 9]

Lao Go kann sich nicht bücken / Der Ausverkauf

[Zu 10]

Als von der Leihgabe der Alten die Rede ist, grünt [?] bei den Göttern eine Hoffnung auf. Sie sind Atheisten, sicher, aber doch eben gut. / Leider sind sie ruiniert. / Enttäuschung groß. / Ich gestehe. Laßt mich euch die furchtbare Wahrheit gestehen: Ich bin euer guter Mensch![1]

1 [Von der schwer lesbaren Schlußpassage wurde noch keine sinnvolle Transkription gefunden.]

[Plan 181/60]

Lao Go gibt das Mietsgeld weg, damit Shan gleich einen Vorschuß zahlen kann. Der Verkauf des Ladens wird die restlichen 300 Yen bringen und, selbst ohne die Säcke, auch noch die 200 für die Alten.

Dann bringt der Laden nur 300 und dies mit den Säcken.

Lao Go ist immer noch einverstanden. Er wird die 300 Shan aushändigen. Die Alten haben nichts Schriftliches in der Hand. Die Eigentümer der Säcke werden nicht wagen, Vergütung zu verlangen, da ihre Ware unsauber ist.

Da entdeckt Lao Go, daß das Reisegeld für zwei fehlt. Er stutzt und verlangt die 200 zurück. Zuerst muß das Billett für Li Gung gezeigt werden.

Shan weigert sich, die 200 zurückzugeben. Li Gung wird keine Fragen fragen, ihr Laden ist ihr nichts, wenn die Götter sie fragen, warum sie den Laden weggegeben hat, wird sie zurückfragen, warum sie ihr einen Schoß gegeben haben.
Lao Go erkennt, daß Shan nicht liebt und der Laden verloren ist.

[Plan 181/61]

1
Der Herr Vetter wird Yü Sun auf den Zahn fühlen, erwartet Frau Schin. Der reiche Herr Kiau interessiert sich ebenfalls für das Fräulein.

2
Die Fliegerstelle in Peking und das Versprechen des Hangarverwalters.

3
Die Hausbesitzerin besteht auf dem Mietskontrakt, jedoch macht sie ein Angebot für den Tabak. Es ist sehr niedrig.

4
Der Herr Vetter stellt eine kleine Unstimmigkeit in den Plänen des Liebhabers fest und will alles Fräulein Shen Te überlassen.

5
Yü Sun erklärt laut, daß er sich seiner Macht über Shen Te bewußt ist und worin sie besteht.

6
Unter dem Protest des Herrn Vetters eignet er sich die Kaufsumme für den Tabak an.

7
Der Herr Vetter erfährt von Yü Suns Plan, Shen Te zu verlassen, und trifft Gegenmaßnahmen zu ihrer Rettung.

Mit den Gemeinheiten, die der Ladenverkauf nötig macht, das heißt dem Verrat der Freunde und den Anschlägen gegen Unbekannte, ist der Vetter einverstanden, jedoch sieht er in der Heirat eine materielle Chance für Shen Te, sexuell wie finanziell. Die Fragwürdigkeit dieser Chance erkennend, verwirft er das Projekt.

[Plan 181/62]

1
Der Charakter des Yü Sun ist nicht durchgeführt. Seine hooliganhafte Großartigkeit, die in 3 und in 6 zum Ausdruck kommt und die auch für 9 wichtig ist, kontrastiert mit seinem braven Eifer, zu der Fliegerstelle zu kommen. Eine Komposition kann nur auf der Basis der Naivität beruhen.

2
Wenn er sich seiner sexuellen Macht über Shen Te rühmt, muß es geschehen, damit die Hausbesitzerin überzeugt wird. Die Rede muß zugleich delikater und realistischer sein. Auch länger.

3
Der Vetter verschleudert den Laden (oder läßt ihn durch Yü

Sun verschleudern), weil Shen Te Liebe braucht und weil die Stelle in Peking gut ist. Shen Tes Motiv war lediglich, dem Geliebten zu helfen. Der Vetter kann Shen Tes Anspruch auf Liebe ausdrücken, indem er einen Dichter zitiert.

4
Das Einverständnis des Vetters mit den dunklen Machenschaften, durch die allein man zu dem benötigten Geld gelangen kann, muß deutlicher sein. Getrieben wird er von Yü Sun nur zu den materiellen Zugeständnissen – das heißt dazu, billig zu verkaufen.

5
Der Vetter erlebt zwei Enttäuschungen. Die materiellen Vorteile der Stelle scheinen Shen Te nicht zugute kommen zu sollen, denn Yü Sun beabsichtigt, sie zu verlassen, und sein Reden über die Liebe erregt Zweifel daran, ob er selber liebt.

[Plan 181/63]

Im Teeraum zu Herrn Kiaus Barbiersalon (Wartezimmer). Schan spricht mit Herrn Kiau über den Verkauf seines Ladens. Kiau bietet sehr wenig. Herein Schan. Lao Go verbirgt sich hinter Zeitungen. Schan muß warten, prahlt vor Kiau mit seiner Macht über ein Mädchen, spricht von seinen Zukunftsplänen. Dann wird er hineingerufen.

Lao Go zögert jetzt, den Verkauf perfekt zu machen. Er nennt den Namen seiner Kusine. Der Barbier erklärt seine Liebe für das Fräulein. Eine Unterredung wird ausgemacht zwischen Li Gung und dem Barbier.

Lao Go. Von drinnen hört der Barbier Schan über seinen Einfluß auf Fräulein Li Gung reden. Schan beim Herauskommen wird vom Barbier mit der Verkündung der bevorstehenden Verlobung überrascht.

Li Gung kommt und geht mit Schan weg.

[Plan 181/64]

Schan kommt zu Lao Go in den Laden, der ihm auf den Zahn fühlt wegen der Stelle. Er erkennt, daß die Stelle in Peking dem Laden durchaus vorzuziehen ist, und ist bereit, ihn zu verkaufen für 500.

Die Wirtin will nur 300 geben. Lao Go vergißt sofort die Alten: Sie haben auch nichts Schriftliches in der Hand. Die Säcke werden ebenfalls mit verschachert: Die Eigentümer werden nicht wagen, Li Gung gerichtlich zu belangen.

Lao Go entdeckt, daß Schan weder das Reisegeld noch das Geld für die erste Zeit hat. Schan über seine Macht über das Mädchen, die alles machen werde, was er wolle, auch die erste Zeit hier bleiben. Lao Go droht mit seinem Einfluß, da er alles machen werde für seine Kusine. Schan rät ihm, dann die 300 bei der Hochzeit abzuliefern, da sonst das Mädchen verloren sei.

Zusammenbruch Lao Gos: der Laden ist weg!

Die Schin kommt und berichtet von dem sauberen Geliebten Li Gungs, der nur ein Billett nach Peking habe. Lao Go hält sie nicht zurück, als sie jetzt den Barbier holen will.

Lao Go und Barbier besprechen die sofort stattzufinden[de] Unterredung zwischen Li Gung und Barbier. Lao Go verspricht, sie gleich zu holen.

Schan kommt und kommt in Streit mit Barbier.

Li Gung geht mit Schan weg.

[Plan 181/65]

Lao Go und Frau Mi Tsü sprechen über den Verkauf des Ladens. Sie will nur 200 geben. Die Säcke kommen dazu: Gut, dann 300, wenn dafür Li Gung am Montag schon herausgeht statt am ersten.

Die Schin, die das Gespräch belauscht hat, öffnet dem Vetter die Augen über Schan, den sauberen Herrn, der nur ein Billett nach Peking gekauft hat. Gleichzeitig berichtet sie von dem tiefen Interesse des reichen Barbiers für Fräulein Li Gung. Sie wird von Lao Go nicht zurückgehalten, als sie sagt, sie wird den Barbier zu einer Besprechung holen.

Schan kommt und will von dem Laden Besitz ergreifen. Der Vetter ist kühl. Prophezeit, daß Li Gung ihn nicht nehmen wird. Schan über die Macht der Liebe. Lao Go droht mit seinem Einfluß bei Li Gung, für die er übrigens jedes Verbrechen zu begehen bereit ist. Schan verläßt sich dann auf den gesunden Menschenverstand des Vetters, der doch wohl Li Gungs Bestes wolle: denn die 200 gebe er nicht mehr heraus!

Zusammenbruch Lao Gos: der Laden ist weg!

Der Barbier kommt, die beiden Herren besprechen das Zusammentreffen Li Gungs mit dem Barbier. Lao Go verspricht, sie holen zu gehen.

Monolog des Barbiers.

Die beiden Freier, Barbier und Schan, im Wortgefecht.

Li Gung kommt heraus und geht mit Schan weg.

[Plan 181/66]

Im Teeraum zu Herrn Kiaus Barbiersalon sitzt ein Herr hinter Zeitungen. Schan wartet. Da es ihm zu lang wird, erzählt er seinem Nachbarn, irgendeinem dicken Herrn, von seiner Zukunft. Prahlt mit seiner Macht über ein Mädchen.

Schan wird hineingerufen, der Herr, der gelesen hat, läßt die Zeitungen sinken: es ist Lao Go.

Der Barbier kommt und fragt, was Lao Go von ihm will, der ihn um eine Besprechung gebeten hat. Lao Go erklärt, daß er für seine Kusine den Laden habe verkaufen wollen, daß er sich jetzt aber frage, ob es ratsam sein könne. Der Barbier gibt sein Interesse für Fräulein Li Gung zu erkennen, und darauf bittet Lao Go, der Barbier möge mit Fräulein Li Gung sprechen. Da die Sache wegen der Hausbesitzerin schon heute entschieden werden müsse, werde er seine Kusine herschicken.

Schan kommt zurück und spricht noch einige Sätze mit dem dicken Herrn, wobei Li Gungs Name fällt. Der Barbier tritt für sie ein und verkündet die bevorstehende Verlobung.

Li Gung kommt und geht mit Schan weg.

[Plan 181/67]

Lao Go erfährt durch Frau Schin, daß sich der reiche Barbier Herr Kiau für Fräulein Li Gung interessiert. Er geht nicht darauf ein.

Schan sieht den Laden und ergreift Besitz.

Lao Gos Frage, ob Schan nicht doch den Laden weiterführen wolle, wird von diesem verneint: Die Vorzüge der Stelle in Peking werden erklärt.

Lao Go gibt Schan die 200 Yen der Alten, damit er sie als Vorauszahlung dem Hangarverwalter schicken kann.

Die Wirtin kommt, sich zu erkundigen, ob Fräulein Li Gung den Laden behalten wird. Sie hört, daß Li Gung sich verheiraten will, wenn es ihr gelingt, ihrem Geliebten das Geld für die Stelle zu beschaffen. Die Wirtin, hörend, daß 300 fehlen, bietet soviel für den ganzen Laden, wenn Li Gung am Montag zieht. Beim Auszug wird das Geld fällig. Wirtin ab.

Lao Go fragt nach dem Reisegeld und dem Geld für die erste Zeit und erhält ausweichende Antworten. Er erschrickt. Bringt dann das zweimalige Verpfänden zur Sprache. Schan spricht von seiner Macht über Li Gung. Schan ab.

Die Schin kommt zurück und warnt vor dem sauberen Herrn, der nur ein Billett nach Peking gelöst habe! Noch einmal bringt sie den Barbier vor, Lao Go, erstarrt, hält sie nicht zurück, dorthin zu gehen.

Lao Gos Zusammenbruch. Entschluß, Li Gung vor Schan zu retten.

Der Barbier.

Schan und Barbier.

Li Gung kommt und geht mit Schan weg.

[Plan 181/68]

Der Vetter soll Geld beschaffen, gleichgültig, wie, er verramscht den Laden für die 400 Yen. Geschädigt werden Bürgen, und geschädigt wird eine Familie in Peking. All dies kümmert den Vetter wenig, aber die Erkenntnis, daß Schan nur des Geldes willen heiratet, schlägt dem Faß den Boden durch. Der Vetter ist entsetzt. Li Gung ist bankrott, steht auf der Straße. Sie hat ihre Vorräte nicht mehr, die so viel gekostet haben. Und sie hat den Laden auf dem Hals. So bahnt der Vetter eine Geldheirat an. Li Gung wird [...] des Geldes wegen heiraten müssen. Sie entscheidet anders. Anstatt des ordentlichen Mannes, der sie liebt und der ihr eine Existenz verschaffen wird, in der sie Gutes tun kann, wählt sie, gewarnt, wie sie ist, den Lumpen, der sie nicht liebt und dessen Bemühungen um eine Existenz Verbrechen erfordern.

Fassungen einzelner Szenen

DREI FASSUNGEN DER ERSTEN SZENE

[Fassung 182/6 ff.]

Der neue Tabakladen der Li Gung

LI GUNG Drei Tage[1] ist es her, seit die Götter weggezogen sind. Die Aufgabe, die sie mir gestellt haben, wird sehr schwer sein. Ich bin von finsteren Ahnungen erfüllt.[2] Von dem Geld, das sie mir für die eine Nacht[3] bezahlten, viel Geld für eine Nacht[4], habe ich einen Tabakladen gekauft. Sein früherer Besitzer wurde von jener Krankheit hingerafft, die auch den verschwundenen Wasserverkäufer befallen hat.[5] Gestern bin ich eingezogen. Aber schon am ersten Abend kam die Witwe des Tabakhändlers und bat mich um Milch für ihre Kinder, und jetzt sehe ich sie wieder die Gasse herunterkommen mit ihrem Topf.

Die Witwe Si tritt auf. Die Frauen verbeugen sich voreinander.

LI GUNG Guten Tag, Frau Si.

FRAU SI Guten Tag, Fräulein Li Gung. Wie gefällt es Ihnen in der neuen Wohnung?

LI GUNG Gut. Wie haben Ihre Kinder die Nacht zugebracht?

FRAU SI Ach, in einem fremden Haus, wenn man diese Baracke ein Haus nennen darf! Das Kleinste hustet schon.

LI GUNG Das ist schlimm!

FRAU SI Ach, Sie wissen ja gar nicht, was schlimm ist. Ihnen geht es gut. Aber Sie werden noch allerhand Erfahrungen machen hier in dieser Bude. Das ist ein Elendsviertel! Wer raucht, läßt anschreiben, und wer nicht anschreiben lassen

1 [Hs. Alt.:] Wochen

2 [Hs. Erg.:] Ich dachte, es wird am besten sein, wenn ich nicht mehr mich, sondern etwas anderes verkaufe.

3 [Hs. Korr.:] für ihr Nachtlager

4 [Hs. Korr.:] ein Nachtlager

5 [Hs. Korr.:] einer Krankheit hingerafft, die auch den verschwundenen Wasserverkäufer befallen hat [Rel.satz wieder gestrichen]

kann, der raucht nicht. Mein Mann ist nicht umsonst krank geworden hier.

LI GUNG Davon sagten Sie mir nichts, als Sie mir den Laden verkauften.

FRAU SI Machen Sie mir nur nicht jetzt auch noch Vorwürfe! Zuerst werfen Sie mich und meine Kinder auf die Straße, und dann heißt es eine Bude und Elendsviertel. Das ist der Gipfel! *Sie weint. Ein Arbeitsloser kommt.*

DER ARBEITSLOSE Meine Halbe. Ach so, Sie sind neu. Ich bekomme eine halbe Zigarette, da ich nur ein paar Züge brauche und das Geld nicht zum Hinauswerfen habe. Morgen hole ich dann die andere Hälfte. Ich bezahle auch nur die Halbe. Ich kenne mich, wenn ich sie einstecke, rauche ich sie abends[6] auf.

Li Gung lacht.

LI GUNG Das sind verwickelte Geschäfte.

FRAU SI Lassen Sie ihn seine Züge rasch machen, sonst fällt er Ihnen im Laden um. Er fällt nämlich alle Augenblicke um, weil er nicht gesund ist.[7]

LI GUNG Heute gebe ich Ihnen eine Zigarette gratis, weil ich eröffne.

DER ARBEITSLOSE Ich rauche sie aber dennoch nur halb, oder nein, gratis rauche ich sie ganz. *Er stolpert hinaus.*

FRAU SI Sie werden den Laden nicht lange haben, wenn Sie ihn so eröffnen. Ich wollte Sie[8] bitten, das Geld für die Mietschulden nicht an den Hauswirt, sondern an mich auszubezahlen.

LI GUNG *während sie ihr Reis in den Topf schöpft*[9]: Das kann ich nicht.

FRAU SI Ich brauche es aber. Von was soll ich leben? Sie haben mir alles weggenommen. Jetzt stecken Sie mit dem Hauswirt zusammen[10] und drehen mir die Gurgel zu. Ich werde Ihnen meine Kinder auf die Schwelle setzen, Sie Halsabschneiderin. *Sie reißt ihr den Topf aus den Händen und geht bis vor die Tür, wo sie horchend stehenbleibt.*

6 [Hs. Korr.:] noch diesen Abend
7 [St. Hs. Korr.:] weil er sich in der Tabakfabrik die Gesundheit ruiniert hat.
8 [St. Hs. Erg.:] übrigens
9 [St. Hs. Korr.:] *Milch in den Topf schüttet*
10 [Hs. Korr.:] mit dem Hauswirt unter einer Decke
[Die ersten vier Wörter später wieder gestrichen]

LI GUNG Sie hat keinen Anspruch, aber sie hat Kinder[11]: das ist mehr. Wozu braucht sie ein Recht auf Brot, wenn sie doch Hunger hat!

EINE MÄNNERSTIMME *ruft von oben:* Fräulein Li Gung! Könnten Sie mir meinen Umschlag machen? Sie haben doch versprochen, nach mir zu sehen.

Ein älterer Mann erscheint in der Tür, an einem Stock humpelnd, einen Fuß umwickelt.

DER MANN *während ihm Li Gung um seinen Fuß einen Lappen legt:* Haben Sie wieder alles gratis abgegeben?

LI GUNG Was soll ich denn machen? Sie haben alle nichts.

DER MANN Sie müssen unbedingt sagen, der Laden gehöre nicht Ihnen. Sagen Sie, er gehört einem Verwandten, der von Ihnen genaue Abrechnung verlangt. Noch besser wäre es, wenn Sie sich nach einem Mann umsehen. Es müßte ein ruhiger, älterer Mensch sein, der Sinn für Häuslichkeit hat. Jemanden wie mich zum Beispiel, der[12] Ihnen nicht weglaufen kann.

LI GUNG *lächelnd:* Weil sein Fuß krank[13] ist?

DER MANN Über so was sollten Sie nicht lachen. Ich weiß schon, daß ich ein Krüppel bin.[14]

LI GUNG Aber Sie wissen doch, daß mir das nichts ausmacht.[15]

DER MANN Sie können doch eigentlich mit sich machen, was Sie wollen? *Er faßt ihr ans Kinn.*

LI GUNG *langsam:* Sie werden lachen, aber ich habe wirklich einen Verwandten, der mich berät. Es ist ein Vetter.

DER MANN Ein Vetter? Da weiß ich ja Bescheid. Da kann ich ja meinen Fuß auch allein einbinden. *Er humpelt zornig hinaus*[16]. Werden Sie mir meinen Tee aufstellen?

LI GUNG Sicher! Ich werde eben meinen Laden etwas früher schließen.

DER MANN Ich bin keine so schlechte Partie, wie Sie denken. Ich habe meinen Fuß ganz gut ausgenutzt. *Er zieht sie beiseite und sagt ihr etwas ins Ohr, dann wieder laut, auf*

11 [Hs. Korr.:] Hunger
12 [St. Hs. Erg.:] seine kleine Rente bezieht und
13 [St. Hs. Korr.:] schlecht
14 [St. Hs. Korr.:] Ich weiß, daß man über Krüppel lacht.
15 [St. Hs. Korr.:] Aber Sie denken doch nicht, daß mir das etwas ausmacht?
16 [Hs. Korr.:] *zornig zur Tür*

sein krankes Bein schlagend: Bares Kapital! Also kommen Sie nur herauf heute abend. *Ab.*

FRAU SI *steckt den Kopf wieder herein:* Tun Sie das nicht! Was hat er Ihnen denn gesagt über sein Bein? Wenn Sie sich nicht vorsehen, wird er Sie noch heiraten, Sie können ja nicht nein sagen.

LI GUNG Er ist arm
Er ist allein
Er braucht jemand.
Wie soll man da nein sagen?
Er braucht jemand, der ihm sein Bein einbindet
Er braucht jemand, der ihm das Teewasser kocht.
Wer kann sich da zurückhalten?

FRAU SI Der würde Ihnen nie erlauben, daß Sie mir für meine Kinder auch nur ein Kännchen Milch geben.

LI GUNG Niemals.
Er ist schlecht
Er ist ein Betrüger
Er sitzt in seiner Kammer und fragt:
Wer hat mit mir Mitleid?
Wie könnte man da nein sagen?

FRAU SI Soviel Dummheit habe ich noch nie auf einem Haufen gesehen! Aufgeblasene Person! *Sie läuft weg, Verwünschungen murmelnd.*

Zwei ältere Prostituierte treten ein.

EINE DICKE Ach, Li Gung, du bist ja hoch gestiegen! *Zur andern:* Sie ist Geschäftsfrau geworden! Das trifft sich gut, wir beide haben nämlich keine Bleibe. Da können wir wohl bei dir unterkommen.

LI GUNG Ich habe allerdings nur ein Zimmer[17] hinter dem Laden.

DIE BEIDEN Das genügt.[18] Hier kann wenigstens keine Vermieterin Krach machen, wenn wir jemand mitbringen.

DIE DICKE Setz dich. Gib mal die Zigaretten herüber. Ach, ist das schön, endlich einmal irgendwo fest sitzen!

DIE DÜNNE[19] [20]Kannst du bestreiten, daß wir ein Dach über dem Kopf brauchen?

17 [Hs. Korr.:] Zimmerchen 18 [Hs. Erg.:] Das genügt uns.
19 [St. Hs. Korr.:] DIE MAGERE
20 [Hs. Erg.:] Du scheinst ja nicht besonders erfreut.

LI GUNG *traurig:* Nein.
[21]Sie haben mich[22] von der Straße verjagt, als ich dort mein Brot suchte, aber soll ich sie auf die Straße jagen? Sie sind so häßlich. Sie kommen mir um.[23]

Kaum ist da eine windgeschützte Stelle
Kommt des ganzen winterlichen Himmels zerzaustes Gevögel geflogen
Ängstlich schwankt das Dach und öffnet sich.
Und der hungrige Fuchs
Durchbeißt die dünne Wand, und der einbeinige Wolf
Stößt den kleinen Eßnapf um!

Der Schreiner Ma tritt ein

DER SCHREINER Sind Sie die neue Ladeninhaberin?

DIE DICKE Nein. Die da ist es.

DER SCHREINER Ach, Sie packen schon die Stellagen voll? Aber die gehören Ihnen nicht. Das heißt, wenn Sie sie nicht bezahlen. Der Lump, der hier gesessen hat, bezahlte doch nichts. *Zu den andern:* Ich bin nämlich der Schreiner.

LI GUNG Aber ich dachte, das gehört zur Einrichtung, die ich bezahlt habe?

DER SCHREINER Betrug! Alles Betrug! Sie stecken natürlich unter der Decke! Ich verlange meine 200 Yen, so wahr ich Ma heiße.

LI GUNG Wie soll ich das bezahlen, ich habe kein Geld mehr!

DER SCHREINER Dann lasse ich Sie einsteigern, sofort. Sie bezahlen sofort oder ich lasse Sie einsteigern.

LI GUNG Kann es nicht morgen sein?

DER SCHREINER Nein.

LI GUNG Seien Sie nicht hart, Herr Ma Fu. Ich kann nicht allem Verlangen gleich nachkommen.

Ein wenig Nachsicht und die Kräfte verdoppeln sich
Ein Durch-die-Finger-Sehen[24] und der Baum
Beugt sich schon unter den Pfirsichen. Wie
Sollen wir zusammenleben ohne Geduld?

21 [Hs. Erg.:] *Zum Publikum:*
22 [Hs. Erg.:] immer
23 [Hs. Erg.:] Freilich, mein Laden wird darunter leiden.
24 [Hs. Erg., später wahrsch. gestrichen:] im April

Mit einem kleinen Aufschub
Werden die größten Werke geschafft.

Nur ein Weilchen gedulden Sie sich, bitte, Herr Ma Fu!

DER SCHREINER Und wer geduldete sich mit mir? *Er rückt die Stellage von der Wand und schüttelt sie, daß zwei Porzellantöpfe mit Tabak herunterfallen:* Bezahlen Sie![25]

LI GUNG[26] Sie wissen vielleicht noch nicht, Herr Ma, daß ich einen Vetter habe, der alles Geschäftliche für mich regelt. Schreiben Sie mir Ihre Forderung auf. Ich schicke sie ihm dann.

DER SCHREINER Solche Vettern kennt man, hehe!

DIE DICKE Lachen Sie nicht so dumm, ich kenne ihn, nicht wahr, Li Gung?

DIE MAGERE Einen Mann wie ein Messer!

DER SCHREINER Er soll meine Rechnung haben! *Er setzt sich nieder und kippt die Stellage um und schmiert wie ein Irrer seine Rechnung.*

DIE DICKE Ich wette mit euch, er vergißt nichts. Seine Mutter hat er vergessen, aber seiner unbezahlten Hölzer erinnert er sich genau.

LI GUNG Freilich, er hat gearbeitet, soll er nun leer ausgehen?

DER SCHREINER *schreit:* Ich will mein Geld haben!

Es klopft hinten.

LI GUNG *erschrocken:* Das ist der Hauswirt!

DIE MAGERE Seid nur still jetzt, sonst setzt er sie an die Luft mit ihrem Tabak!

DIE DICKE *zum Schreiner:* Wenn du dein Maul nicht hältst, kannst du dir deine 200 Yen ans Bein schmieren!

Der Hauswirt tritt ein.

DER HAUSWIRT Guten Abend, Fräulein Li Gung. Es handelt sich noch um eine kleine Formalität. Ich höre da eben, daß Sie dort, wo Sie früher gewohnt haben, noch etwas Miete schuldig sind. Es würde mich beruhigen, wenn Sie mir da Erklärungen geben könnten.

LI GUNG Ich habe doch alles bezahlt, als ich wegging.

DER HAUSWIRT Ich weiß, am Schluß. Aber wochenlang waren Sie sie schuldig. Können Sie mir Sicherungen geben, daß

25 [Hs. Korr.:] Werden Sie bezahlen?
26 [Hs. Erg.:] *traurig*

das nicht mehr vorkommt? Der Laden bringt doch nichts ein.

LI GUNG Ich werde mit meinem Vetter darüber sprechen.

DER HAUSWIRT Ach, Sie haben einen Vetter hier am Platze? Da können wir doch gleich hingehen.

LI GUNG Er wohnt nicht hier, sondern in einer andern Stadt.

DIE DICKE Sagtest du nicht, in Schun?

LI GUNG Er wird aber bald kommen und das Geschäft übernehmen. Ich führe es nur in seinem Auftrag.

DER HAUSWIRT So.

DIE DICKE *zum Schreiner:* Sie haben ja auch mit Fräulein Li Gungs Vetter über die Stellagen verhandelt, nicht wahr?

DER SCHREINER Habe ich ...

DER HAUSWIRT Ich wunderte mich, offen gestanden, schon, woher Sie plötzlich das Geld hatten. Sie dürfen mir das nicht übelnehmen. Es gibt leider viele unehrliche Elemente in Sezuan. Aber den Kontrakt wollen wir dann doch lieber erst abschließen, wenn Ihr Vetter selbst angekommen sein wird. Wie war doch gleich sein Name?

LI GUNG Ach sein Name? Sein Name ist – Herr Go! Er heißt Lao Go! Nach dem Vater.

DIE ZWEITE HURE Aber den muß ich doch überhaupt kennen, Li Gung! Herr Go ... warte mal, ist der nicht aus Schun?

DIE DICKE Ja? Kennst du ihn? Das ist lustig. *Sie lachen beide sehr.* Was, Li Gung, das ist lustig!

DER HAUSWIRT Nun, wir werden ja sehen. Guten Abend, die Damen! Ich wünschte, Ihr Herr Vetter bliebe nicht mehr allzu lange aus. *Ab.*

DIE DICKE Den haben wir schön eingewickelt! Sei froh, daß du uns da hast. Was machen wir denn heute abend?

DIE DÜNNE Wenn nur nicht der Vetter hereinplatzt heute nacht! Der gestrenge Herr Go! *Sie lacht schallend.*

LI GUNG *langsam:* Ich glaube nicht, daß er schon heute abend kommt. Er hat mir noch nicht geschrieben.

DIE DICKE Was sagst du da? Du willst uns wohl draußen haben? Das Zimmer gehört wohl dem Herrn Go, wie? So wie der Mietskontrakt und die Stellagen?

LI GUNG Ja, das Zimmer gehört meinem Vetter Go.

DIE DICKE Na, wir sprechen noch darüber. *Zum Schreiner:* Lauf mal, Kleiner, und hol eine Flasche Reiswein auf Rechnung von Herrn Go, und dann setz dich gemütlich zu uns, Eröffnung feiern!

EIN DICKER HERR *ist eingetreten:* Sind Sie die Besitzerin? Kann ich ein Wort mit Ihnen allein haben?

DIE DICKE Wir sind die Freundinnen, reden Sie[27]. Da existieren keine Geheimnisse.

DER DICKE HERR Ich sehe, Sie haben den Laden wieder aufgemacht, der einige Zeit geschlossen war.

LI GUNG Ich habe ihn von dem früheren Besitzer gekauft, der gestorben ist.

DER DICKE HERR So, Sie meinen, er ist gestorben. Ich meinte, er ist weggelaufen.

DIE DICKE Warum sollte er denn weggelaufen sein?

DER DICKE HERR Offen gestanden, er hat mir nicht gefallen. Ich wollte nicht, daß er weiter Tabak hier verkauft. Ich verkaufe nämlich auch Tabak. Ich riet ihm, seinen Laden zuzumachen, aber er weigerte sich. Dann wurden die Dinge hier unangenehm für ihn. Es passierte allerhand mit den Waren, und die Preise sanken ein wenig. Er fand, daß ich recht gehabt hatte, und lief weg.

LI GUNG Aber seine Frau und seine Kinder sind doch noch da?

DER DICKE HERR Es kostete ihn wohl zuviel, sie mitzunehmen. Wissen Sie, er war fertig, als ich mit ihm fertig war. Ich suche sie auf, weil ich nicht will, daß Sie seinen traurigen Weg gehen. Ich will, daß Sie hier zumachen. Sagen wir: Ende der Woche. Wenn da ein Schild ZU VERMIETEN an der Tür klebt, kaufe ich Ihnen Ihre Restbestände vielleicht ab. Wenn nicht, werden Sie etwas erleben. Ich bin es nämlich, der in der Stadt Sezuan Tabak verkauft. Mein Name ist Feh Pung. *Er geht breit hinaus.*

DER SCHREINER Das ist Feh Pung, der Tabakkönig. Er kauft alle Läden auf.

DIE DICKE Das ist Pech. Da wird es nicht lang dauern, daß wir eine Bleibe haben. Um so mehr müssen wir feiern.

LI GUNG Ich muß noch dem Nachbarn den Tee aufsetzen. Seid nicht zu laut! *Sie geht hinaus.*[28]

27 [Hs. Erg.:] reden Sie frei
28 [Hs. Korr.:] *Sie geht zur Tür*

Die beiden Mädchen und der mit einer Flasche zurückgekehrte Schreiner singen das Lied vom Herrn Vetter.

LI GUNG *vor der Türe stehenbleibend:* Ich möchte am liebsten gar nicht mehr hineingehen. Wenn ich mein Vetter Lao Go wäre, hätte es wohl nicht so weit kommen können. Das ist nun mein Tabakladen, von dem ich immer geträumt habe! Wie soll ich ihn retten?[29]

DIE DICKE PROSTITUIERTE[30] Der Freier pfeift vor dem Haus, und hier fehlen Kuchen! Die Miete ist noch nicht bezahlt, und du willst allein schlafen?

LI GUNG *auf der Schwelle:*

Ein halber Tag oben und schon wieder
Ist alles ganz wie gestern und schlimmer.
Der Rettung kleiner Nachen
Wird sofort heruntergezogen:
Zu viele Versinkende
Greifen gierig nach ihm.

FRAU SI *kommt mit einem Topf:*[31] Haben Sie nicht noch etwas Milch für meine Kinder, Fräulein Li Gung?

DIE STIMME DES MANNES VON OBEN Wo stecken Sie denn? Das Wasser kocht![32]

[Fassung 160/17 ff.]

Ein kleiner Tabakladen
Der Laden ist noch nicht ganz eingerichtet und noch nicht eröffnet.

LI GUNG[1] Drei Tage ist es her, seit die Götter weggezogen sind. Die Aufgabe, die sie mir gestellt haben, wird schwer sein. Aber ich bin doch von Hoffnung erfüllt. Von dem Geld, das sie für ihr Nachtlager bezahlten, viel Geld für ein Nachtlager, habe ich einen Tabakladen gekauft. Ich

29 [Hs. Erg.:] *Man hört von der Straße einen Pfiff.*
30 [Hs Erg.:] *aufgeregt zu Li Gung:*
31 [Hs. Erg.:] Ich war zu durstig. Ich habe den Topf selber ausgetrunken.
32 [Hs. Erg.:] *Der Freier auf der Straße pfeift. Li Gung steht unentschlossen.*

[Über *Li Gung* immer St. Hs.:] *Shen Te*
1 [Hs. Erg.:] *zum Publikum*

denke, wenn ich einen kleinen Laden habe, kann ich es schaffen.[2] Gestern bin ich hier eingezogen, und ich hoffe, jetzt viel Gutes tun zu können. Da ist zum Beispiel die Frau Schin, die frühere Besitzerin des Ladens. Schon gestern kam sie und bat mich um Milch[3] für ihre Kinder. Auch heute sehe ich sie wieder über den Platz kommen mit ihrem Topf.

Herein die Schin. Die Frauen verbeugen sich voreinander.

LI GUNG Guten Tag, Frau Schin.

DIE SCHIN Guten Tag, Fräulein Li Gung. Wie gefällt es Ihnen in Ihrem neuen Heim?

LI GUNG Gut. Wie haben Ihre Kinder die Nacht zugebracht?

DIE SCHIN Ach, in einem fremden Haus, wenn man diese Baracke ein Haus nennen darf! Das Kleinste hustet schon.

LI GUNG Das ist schlimm.

DIE SCHIN Sie wissen ja gar nicht, was schlimm ist. Ihnen geht es gut. Aber Sie werden noch allerhand Erfahrungen machen hier in dieser Bude. Das ist ein Elendsviertel!

LI GUNG Mittags kommen doch, wie Sie mir sagten, die Arbeiter aus den Kupfergruben[4]?

DIE SCHIN Aber sonst kauft kein Mensch, nicht einmal die Nachbarschaft.

LI GUNG Davon sagten Sie mir nichts, als Sie mir den Laden verkauften.

DIE SCHIN Machen Sie mir nur nicht jetzt auch noch Vorwürfe! Zuerst werfen Sie mich und meine Kinder auf die Straße[5], und dann heißt es eine Bude und Elendsviertel. Das ist der Gipfel! *Sie weint.*

LI GUNG[6] Bitte, weinen Sie nicht.[7] Ich hole Ihnen gleich die Milch[8].

DIE SCHIN Ich wollte Sie auch bitten, mir etwas Geld zu leihen.

2 [Hs. Korr., nach dem ersten Satz geht es jetzt weiter:] Sie sagten, sie wollten mir ihr Nachtlager bezahlen. Und als ich sah, was sie mir gegeben hatten, sah ich, daß es über 1000 Yen waren. Ich habe mir mit dem Geld einen Tabakladen gekauft. Gestern ...

3 [Hs. Korr.:] Reis

4 [Hs. Korr.:] aus der Zementfabrik

5 [Hs. Korr.:] Zuerst rauben Sie mir meinen Kindern das Heim

6 [Hs. Erg.:] *schnell*

7 [Satz gestrichen]

8 [Hs. Korr.:] den Reis

LI GUNG *während sie ihr Milch*[9] *in den Topf schüttet:* Das kann ich nicht. Ich habe doch noch nichts eingenommen.[10]

FRAU SCHIN Ich brauche es aber. Von was soll ich leben? Sie haben mir alles weggenommen. Jetzt drehen Sie mir die Gurgel zu. Ich werde Ihnen meine Kinder vor die Schwelle setzen. Sie Halsabschneiderin!

Sie reißt ihr den Topf aus den Händen.

LI GUNG Seien Sie doch nicht so zornig! Sie verschütten noch die Milch![11] *Herein ein ältliches Paar und ein jüngerer abgerissener Mensch*[12]. *Jeder von ihnen schleppt einen Sack.*[13]

DIE FRAU Ach, meine liebe Li Gung, wir haben gehört, daß es dir jetzt so gut geht. Du bist ja eine Geschäftsfrau geworden! Denk dir, wir sind eben ohne Bleibe. Unser Tabakladen ist ja eingegangen[14]. Wir haben uns gefragt, ob wir nicht bei dir für die Nacht unterkommen können. Ein paar elende Säcke ist alles, was wir von unserem Hab und Gut gerettet haben.[15] Die können wir wohl hier unterstellen.[15] Du kennst meinen Bruder Wang? Er ist mitgekommen, er trennt sich nie von uns.

DER BRUDER *sich umschauend:* Hübscher Laden!

DIE SCHIN Was sind dann das für welche?

LI GUNG Als[16] ich vom Land in die Stadt kam, waren sie meine ersten Wirtsleute. *Zum Publikum:* Als mein bißchen Geld ausging, haben sie mich auf die Straße gesetzt. Sie fürchten vielleicht, daß ich jetzt nein sage.[17]

Sie sind ohne Obdach.
Sie sind ohne Freunde.
Sie brauchen jemand.
Wie könnte man da nein sagen?[18]

Sie wendet sich freundlich zu den Ankömmlingen, die besorgt ihren Bescheid erwarten.[19]

9 [Hs. Korr.:] Reis
10 [Hs. Korr.:] verkauft
11 [Hs. Korr.:] Sie schütten noch den Reis aus!
12 [? Hs. Erg.:] *schäbig gekleideter jüngerer Mensch*
13 [Satz gestrichen]
14 [Hs. Korr.:] ist eingegangen
15 [Beide Sätze gestrichen]
16 [Hs. Korr.:] Wie
17 [Hs. Erg.:] Sie sind arm.
18 [Verse zunächst gestrichen, Streichung später rückgängig gemacht]
19 [Hs Korr.:] *Freundlich zu den Ankömmlingen:*

Shui Ta
Zeichnung von Gabriele Mucchi

LI GUNG Seid willkommen! Ich will euch gern Obdach geben. Allerdings habe ich nur ein kleines Kämmerchen hinter dem Laden.

DER MANN Das genügt uns. Mach dir keine Sorge.

DIE FRAU[20] Wir lassen uns am besten hier hinten nieder, damit wir dir nicht im Weg sind. Du hast wohl in Erinnerung an dein erstes Heim einen Tabakladen gewählt?[21] Wir werden dir gute Ratschläge[22] geben können. Mit unserer Erfahrung![23]

DIE SCHIN *höhnisch:* Hoffentlich kommen dann[24] auch Kunden!

DIE FRAU Das geht wohl auf uns?[25]

DER MANN Psst! Da ist schon ein Kunde.

Ein junger Bursche[26] tritt ein.

DER JUNGE BURSCHE Entschuldigen Sie. Ich bin arbeitslos.

Die Schin lacht.

LI GUNG Womit kann ich Ihnen dienen?

DER JUNGE BURSCHE[27] Ich höre, Sie eröffnen morgen. Ich dachte[28], beim Auspacken wird manchmal etwas beschädigt. Haben Sie da eine Zigarette übrig?[29] Ich bin so kaputt.[30] Ein paar Züge aus einer Zigarette, und ich bin ein neuer Mensch.[30]

DIE FRAU Das ist stark, Tabak zu betteln. Wenn es noch Brot wäre!

DER JUNGE BURSCHE[27] Brot ist teurer. Ein paar Züge aus einer Zigarette, und ich bin ein neuer Mensch.[31]

LI GUNG *gibt ihm Zigaretten:* Das ist wichtig, ein neuer Mensch zu sein. Ich will meinen Laden mit Ihnen eröffnen. Sie werden mir Glück bringen.

20 [Hs. Erg.:] *während Li Gung Tee bringt:*
21 [Hs. Korr.:] Du hast wohl den Tabakladen in Erinnerung an dein erstes Heim gewählt?
22 [Hs. Korr.:] einige Winke
23 [Hs. Korr.:] Das ist auch ein Grund, warum wir zu dir kommen.
24 [Wort gestrichen]
25 [Satz gestrichen]
26 [Hs. Korr.:] abgerissener Mann
27 [Hs. Korr.:] DER ARBEITSLOSE
28 [Hs. Korr.:] Da dachte ich
29 [Hs. Korr.:] Haben Sie nicht eine Zigarette übrig?
30 [Beide Sätze gestrichen]
31 [Hs. Erg.:] Ich bin so kaputt.

Der Arbeitslose zündet sich schnell eine Zigarette an, inhaliert und geht hustend ab.

DIE FRAU War das richtig, liebe Li Gung?

DIE SCHIN Wenn Sie den Laden so eröffnen, werden Sie ihn keine drei Tage haben.

DER MANN Ich wette, er hatte noch Geld in der Tasche.

LI GUNG Er sagte doch, daß er nichts hat.

DER BRUDER Woher wissen Sie, daß er Sie nicht angelogen hat?

LI GUNG *aufgebracht:* Woher weiß ich, daß er mich angelogen hat?

DIE FRAU *kopfschüttelnd:* Sie kann nicht nein sagen! Du bist zu gut, Li Gung. Wenn du deinen Laden behalten willst, mußt du die eine oder andere Bitte abschlagen können.

DER MANN Sag doch, er gehört dir nicht. Sag, er gehört einem Verwandten, der von dir genaue Abrechnung verlangt. Kannst du das nicht?

DIE SCHIN Das könnte man, wenn man sich nicht immer als die große[32] Wohltäterin aufspielen müßte.

LI GUNG *lacht:* Schimpft nur! Ich werde euch gleich das Quartier aufsagen, und die Milch[33] werde ich zurückschütten!

DIE FRAU *entsetzt:* Ist die Milch[34] auch von dir?

LI GUNG *zum Publikum:*

Sie sind schlecht.
  Sie sind niemandes Freund.
  Sie gönnen keinem einen Topf Reis.
  Sie brauchen alles selber.
  Wer könnte sie schelten?

DIE SCHIN[35] Die Milch! Meine armen Kinder! Jetzt habe ich sie in Gedanken selber ausgetrunken.

LI GUNG *holt ihr neue Milch:* Aber jetzt ist es nur noch ein Viertelliter. Alles muß verjuxt werden, sagte der Scherenschleifer und ließ einen Pfennig springen.[35]

Herein ein kleiner Mann.

32 [Wort gestrichen]
33 [Hs. Korr.:] den Reis
34 [Hs. Korr.:] der Reis
35 [Passage von FRAU SCHIN Die Milch ..., bis: ... springen gestrichen]

DIE SCHIN *sieht ihn und bricht hastig auf:* Ich sehe morgen wieder her. *Ab.*

DER KLEINE MANN *ruft ihr nach:* Halt, Frau Schin! Sie brauche ich gerade!

DIE FRAU Kommt die regelmäßig? Hat sie denn einen Anspruch an dich?

LI GUNG Sie hat keinen Anspruch, aber sie hat Hunger: Das ist mehr.

DER KLEINE MANN Die weiß, warum sie rennt. Sind Sie die neue Ladeninhaberin? Ach, Sie packen schon die Stellagen voll. Aber die gehören Ihnen nicht, Sie! Außer Sie bezahlen sie. Das Lumpenpack, das hier gesessen hat, hat sie nicht bezahlt. *Zu den andern:* Ich bin nämlich der Schreiner.

LI GUNG Aber ich dachte, das gehört zur Einrichtung, die ich bezahlt habe?

DER SCHREINER Betrug! Alles Betrug! Sie stecken natürlich mit der[36] Schin unter einer Decke. Ich verlange meine hundert Yen, so wahr ich Yi To heiße.

LI GUNG Wie soll ich das bezahlen, ich habe kein Geld mehr!

DER SCHREINER Dann lasse ich Sie einsteigern. Sofort! Sie bezahlen sofort oder ich lasse Sie einsteigern!

DER MANN *souffliert Li Gung:* Vetter!

LI GUNG Kann es nicht im nächsten Monat sein?

DER SCHREINER *schreiend:* Nein!

LI GUNG Seien Sie nicht hart, Herr Yi To. Ich kann nicht allen Forderungen sofort nachkommen.[37]

Ein wenig Nachsicht und die Kräfte verdoppeln sich.
Sieh, der Karrengaul hält vor einem Grasbüschel:
Ein Durch-die-Finger-Sehen und der Gaul zieht besser.
Noch im Juni ein wenig Geduld und der Baum
Beugt sich im August unter den Pfirsichen. Wie
Sollen wir zusammenleben ohne Geduld?
Mit einem kleinen Aufschub
Werden die größten Werke geschafft.[38]

[39] Nur ein Weilchen gedulden Sie sich, Herr Yi To!

36 [Hs. Korr.:] dieser
37 [Hs. Erg.:] *zum Publikum:*
38 [Hs. Korr.:] Werden die weitesten Ziele erreicht.
39 [St. Hs. Korr.:] *zum Schreiner:*

DER SCHREINER Und wer geduldet sich mit mir und mit meiner Familie? *Er rückt die*[40] *Stellage von der Wand, als wolle er sie mitnehmen.* Sie bezahlen oder ich nehme die Stellagen mit!

DIE FRAU Meine liebe Li Gung, warum übergibst du nicht deinem Vetter die Angelegenheit? *Zum Schreiner:* Schreiben Sie Ihre Forderung auf, und Fräulein Li Gungs Vetter wird bezahlen.

DER SCHREINER Solche Vettern kennt man!

DER BRUDER Lach nicht so dumm! Ich kenne ihn persönlich.

DER MANN Ein Mann wie ein Messer.

DER SCHREINER Schön, er soll meine Rechnung haben![41] *Er kippt eine*[42] *Stellage um, setzt sich darauf und schreibt seine Rechnung.*

DIE FRAU *zu Li Gung:* Er wird dir das Hemd vom Leib reißen für seine paar Bretter, wenn ihm nicht Halt geboten wird. Erkenne nie eine Forderung an, berechtigt oder nicht, denn sofort wirst du überrannt mit Forderungen, berechtigt oder nicht. Wirf ein Stück Fleisch in eine Kehrichttonne, und alle Schlachterhunde des Viertels beißen sich in deinem Hof. Wozu gibt's die Gerichte?

LI GUNG Die Gerichte werden ihn nicht ernähren, wenn seine Arbeit es nicht tut. Er hat gearbeitet und will nicht leer ausgehen. Und er hat eine Familie. Schlimm, daß ich nicht zahlen kann![43] Was werden die Götter sagen?

DER MANN Du hast dein Teil getan, als du uns aufnahmst, das ist übergenug.

Herein ein hinkender Mann[44] *und eine schwangere Frau, Säcke schleppend.*[45]

DER HINKENDE *zum Paar:* Ach, hier seid ihr! Ihr seid ja saubere Verwandte! Uns einfach an der Straßenecke stehenzulassen.

DIE FRAU *verlegen zu Li Gung:* Das ist mein Bruder Wung und die Schwägerin. *Zu den beiden:* Schimpft nicht und

40 [Hs. Korr.:] eine
41 [Hs. Erg., später gestrichen:] Hier wurde jedenfalls vor Zeugen anerkannt, daß die Stellagen mir erst abgekauft werden müssen.
42 [Hs. Korr.:] die
43 [Hs. Korr.:] Es ist schlimm, daß ich ihn nicht bezahlen kann!
44 [Hs. Erg., später gestrichen:] *einen Sack schleppend*
45 [Die letzten Wörter gestrichen]

setzt euch ruhig in die Ecke, damit ihr Fräulein Li Gung, unsere alte Freundin, nicht stört. Ihr könnt hier bleiben, sie hat nichts dagegen. *Zu Li Gung:* Ich glaube, wir müssen die beiden aufnehmen, da die Schwägerin im fünften Monat ist? Oder bist du nicht der Ansicht?

LI GUNG Doch. Seid willkommen.

DIE FRAU Bedankt Euch. Die Säcke haben im Gelaß Platz.[46] *Zu Li Gung:* Die hätten überhaupt nicht gewußt, wohin. Gut, daß du den Laden hast!

LI GUNG *lachend zum Publikum*[47]*:* Ja, gut, daß ich ihn habe! *Herein Frau Mi Tzü, die Hausbesitzerin, ein Formular in der Hand.*

DIE HAUSBESITZERIN Fräulein Li Gung, ich bin die Hausbesitzerin, Frau Mi Tzü. Ich hoffe, wir werden gut miteinander auskommen. Da ist der Mietskontrakt. *Während Li Gung den Kontrakt durchliest.* Ein schöner Augenblick, die Eröffnung eines kleinen Geschäfts, nicht wahr, meine Herrschaften? *Sie schaut sich um.* Ein paar Lücken sind ja noch auf den Stellagen, aber es wird schon gehen. Einige Referenzen werden Sie mir wohl beibringen können?

LI GUNG Ist das nötig?

DIE HAUSBESITZERIN Aber ich weiß doch gar nicht, wer Sie sind.

DER MANN Vielleicht könnten wir für Fräulein Li Gung bürgen? Wir kennen sie, seit sie in die Stadt gekommen ist, und legen jederzeit die Hand für sie ins Feuer.

DIE HAUSBESITZERIN Und wer sind Sie?

DER MANN Ich bin der Tabakhändler Ma Fu.

DIE HAUSBESITZERIN Wo ist Ihr Laden?

DER MANN Im Augenblick habe ich keinen Laden. Sehen Sie, ich habe ihn eben verkauft.

DIE HAUSBESITZERIN So. *Zu Li Gung:* Und sonst haben Sie niemand, bei dem ich über Sie Auskünfte einholen kann?

DIE FRAU *souffliert:* Vetter![48]

DIE HAUSBESITZERIN Sie müssen doch jemand haben, der mir dafür Gewähr bietet, wen ich ins Haus bekomme. Das ist

46 [St. Hs. Korr.:] Tassen stehen dort hinten.
47 [Hs. Erg.:] *Tee bringend*
48 [Hs. Erg.:] *Vetter! Vetter!*

ein respektables Haus, meine Liebe. Ohne das kann ich mit Ihnen überhaupt keinen Kontrakt abschließen.

LI GUNG *langsam, mit niedergeschlagenen Augen:* Ich habe einen Vetter.

DIE HAUSBESITZERIN Ach, Sie haben einen Vetter. Am Platz? Da können wir doch gleich hingehen.

LI GUNG Er wohnt nicht hier, sondern in einer andern Stadt.

DIE FRAU Sagtest du nicht in Sch-ung?

LI GUNG Herr ... Lao Go. In Sch-ung.

DER MANN Aber den kenne ich ja überhaupt! Ein Großer, Dürrer?

DER BRUDER *zum Schreiner:* Sie haben doch auch mit Fräulein Li Gungs Vetter verhandelt. Über die Stellagen!

DER SCHREINER *mürrisch:* Ich schreibe für ihn gerade die Rechnung aus. Da ist sie. *Er übergibt sie.* Morgen früh komme ich wieder. *Ab.*

DER BRUDER *ruft ihm nach*[49]*:* Seien Sie ganz ruhig, der Herr Vetter bezahlt es!

DIE HAUSBESITZERIN *Li Gung scharf musternd:* Nun, es wird auch mich freuen, ihn kennenzulernen. Guten Abend, Fräulein. *Ab.*

DIE FRAU *nach einer Pause:* Jetzt kommt alles auf! Du kannst sicher sein, morgen früh weiß die Bescheid über dich.

DIE SCHWÄGERIN *leise zum Bruder:* Das wird hier nicht lang dauern!

Herein ein Junge, der einen Sack schleppt, an dem ein Greis sich festhält.[50]

DER JUNGE *nach hinten:* Da sind sie.

DIE FRAU Guten Tag, Großvater. *Zu Li Gung:* Der gute Alte! Er hat sich wohl um uns gesorgt. Und der Junge, ist er nicht groß geworden? Er ißt wie ein Scheunendrescher. Wen habt ihr denn noch alles mit?

DER MANN *hinausschauend:* Nur noch die Nichte.

DIE SCHWÄGERIN *während ein junges Mädchen mit einem Sack hereinkommt. Leise*[51]*:* Die Ratten besteigen das sinkende Schiff!

49 [Hs. Erg.:] *auf die Hausbesitzerin schielend*
50 [St. Hs. Korr.:] *Herein ein Junge, der einen Greis führt.*
51 [St. Hs. Erg.:] *zum Bruder*

DIE FRAU Das ist[52] eine junge Verwandte vom Land. Hoffentlich sind wir dir nicht zu viele. So viele waren wir noch nicht, als du bei uns wohntest, wie? Ja, wir sind immer mehr geworden. Je schlechter es ging, desto mehr wurden wir. Und je mehr wir wurden, desto schlechter ging es. Aber jetzt riegeln wir hier ab, sonst gibt es keine Ruhe. *Sie sperrt die Tür zu, und alle setzen sich.* Die Hauptsache ist jetzt, daß wir dich nicht im Geschäft stören. Denn wovon soll sonst der Schornstein rauchen? Wir haben uns das so gedacht: Am Tag gehen die Jüngeren weg, und nur Großvater, die Schwägerin und vielleicht ich bleiben. Die andern sehen höchstens einmal oder zweimal herein untertags, nicht? Zündet die Lampe dort an und macht es euch gemütlich.

DER BRUDER *humoristisch:* Wenn nur nicht der Vetter heut nacht hereinplatzt, der gestrenge Herr Lao Go! *Die Schwägerin lacht.*

DER SCHWAGER *langt nach einer Zigarre*[53]: Auf eine wird es wohl nicht ankommen!

DER MANN Sicher nicht.

Alle nehmen sich zu rauchen. Der Schwager reicht eine Flasche herum.

DER BRUDER Der Herr Vetter bezahlt es!

DER GROSSVATER *ernst zu Li Gung:* Guten Tag!

LI GUNG *verwirrt durch die späte Begrüßung, verbeugt sich. Sie hat in der einen Hand die Rechnung des Schreiners, in der andern den Mietskontrakt.*

DIE FRAU Könnt ihr nicht etwas singen, damit die Gastgeberin ein wenig Unterhaltung hat?

DER BRUDER Der Großvater fängt an!

Sie singen das Lied vom Rauch.

Lied der verarmten Familie

1

Einstmals, vor das Alter meine Haare bleichte
Hofft mit Klugheit ich mich durchzuschlagen.
Heute weiß ich, keine Klugheit reichte
Je zu füllen eines armen Mannes Magen.

52 [Die ersten Wörter gestrichen]
53 [Hs. Korr.:] *Zigarette*

Darum sagt ich: laß es!
Sieh den grauen Rauch
Der in immer kältre Kälten geht: so
Gehst du auch.

2
Sah den Redlichen, den Fleißigen geschunden
So versucht ich's mit dem krummen Pfad
Doch auch der führt unsereinen nur nach unten
Und so weiß ich mir halt fürder keinen Rat.
Und so sag ich: laß es!
Sieh den grauen Rauch
Der in immer kältre Kälten geht: so
Gehst du auch.

3
Die da alt sind, hör ich, haben nichts zu hoffen
Denn nur Zeit schafft's und an Zeit gebricht's.
Doch uns Jungen, hör ich, steht das Tor weit offen
Freilich, hör ich, steht es offen nur ins Nichts.
Und auch ich sag: laß es!
Sieh den grauen Rauch
Der in immer kältre Kälten geht: so
Gehst du auch.

DER BRUDER Woher hast du den Schnaps?

DIE SCHWÄGERIN Er hat einen Sack versetzt.[54]

DER MANN Was? Diese Säcke sind das einzige, was uns noch bleibt![55] Nicht einmal für ein Nachtlager haben wir die Säcke[56] angegriffen! Du Schwein!

DER SCHWAGER Nennst du mich ein Schwein, weil es meine Frau friert? Und hast selber getrunken? Gib sofort die Flasche her!

Sie raufen sich. Die Tabakstellagen stürzen um.

LI GUNG *beschwört sie:* Oh, schont den Laden, zerstört nicht alles! Er ist ein Geschenk der Götter! Nehmt euch, was da ist, aber zerstört es nicht! *Zum Publikum:*

Kaum ist da eine windgeschützte Stelle
Kommt des ganzen winterlichen Himmels
Zerzaustes Gevögel geflogen und

54 [St. Hs. Korr.:] Er hat den Sack mit Tabak versetzt.
55 [St. Hs. Korr.:] Dieser Tabak war das einzige, was uns noch blieb!
56 [Hs. Korr.:] ihn

Rauft um den Platz, und der hungrige Fuchs durchbeißt
Die dünne Wand, und der einbeinige Wolf
Stößt den kleinen Eßnapf um![57]

DIE FRAU *skeptisch:* Der Laden ist kleiner, als ich dachte. Wir hätten vielleicht doch nicht der Tante und den andern davon erzählen sollen. Wenn sie auch noch kommen, wird es eng hier.

DIE SCHWÄGERIN Die Gastgeberin ist schon ein wenig kühler geworden!

Von draußen kommen Stimmen, und es wird an die Tür geklopft.

RUFE Macht auf! Wir sind es!

DIE FRAU Bist du es, Tante? Was machen wir da?

LI GUNG Mein schöner Laden! O Hoffnung! Noch nicht eröffnet[58], ist er schon kein Laden mehr! *Zum Publikum:*

Der Rettung kleiner Nachen
Wird sofort in die Tiefe gezogen:
Zu viele Versinkende
Greifen gierig nach ihm.

RUFE *von draußen:* Macht auf!

[Druck-Fassung]

Ein kleiner Tabakladen
Der Laden ist noch nicht ganz eingerichtet und noch nicht eröffnet.

SHEN TE *zum Publikum:* Drei Tage ist es her, seit die Götter weggezogen sind. Sie sagten, sie wollten mir ihr Nachtlager bezahlen. Und als ich sah, was sie mir gegeben hatten, sah ich, daß es über tausend Silberdollar waren. – Ich habe mir mit dem Geld einen Tabakladen gekauft. Gestern bin ich hier eingezogen, und ich hoffe, jetzt viel Gutes tun zu können. Da ist zum Beispiel die Frau Shin, die frühere Besitzerin des Ladens. Schon gestern kam sie und bat mich um Reis für ihre Kinder. Auch heute sehe ich sie wieder über den Platz kommen mit ihrem Topf.

Herein die Shin. Die Frauen verbeugen sich voreinander.

57 [Verse gestrichen]
58 [Hs. Korr.:] Kaum eröffnet

SHEN TE Guten Tag, Frau Shin.

DIE SHIN Guten Tag, Fräulein Shen Te. Wie gefällt es Ihnen in Ihrem neuen Heim?

SHEN TE Gut. Wie haben Ihre Kinder die Nacht zugebracht?

DIE SHIN Ach, in einem fremden Haus, wenn man diese Baracke ein Haus nennen darf. Das Kleinste hustet schon.

SHEN TE Das ist schlimm.

DIE SHIN Sie wissen ja gar nicht, was schlimm ist, Ihnen geht es gut. Aber Sie werden noch allerhand Erfahrungen machen hier in dieser Bude. Dies ist ein Elendsviertel.

SHEN TE Mittags kommen doch, wie Sie mir sagten, die Arbeiter aus der Zementfabrik?

DIE SHIN Aber sonst kauft kein Mensch, nicht einmal die Nachbarschaft.

SHEN TE Davon sagten Sie mir nichts, als Sie mir den Laden verkauften.

DIE SHIN Machen Sie mir nur nicht jetzt auch noch Vorwürfe! Zuerst rauben Sie mir und meinen Kindern das Heim, und dann heißt es eine Bude und Elendsviertel. Das ist der Gipfel. *Sie weint.*

SHEN TE *schnell:* Ich hole Ihnen gleich den Reis.

DIE SHIN Ich wollte Sie auch bitten, mir etwas Geld zu leihen.

SHEN TE *während sie ihr den Reis in den Topf schüttet:* Das kann ich nicht. Ich habe doch noch nichts verkauft.

DIE SHIN Ich brauche es aber. Von was soll ich leben? Sie haben mir alles weggenommen. Jetzt drehen Sie mir die Gurgel zu. Ich werde Ihnen meine Kinder vor die Schwelle setzen, Sie Halsabschneiderin! *Sie reißt ihr den Topf aus den Händen.*

SHEN TE Seien Sie nicht so zornig! Sie schütten noch den Reis aus!

Herein ein ältliches Paar und ein schäbig gekleideter Mensch.

DIE FRAU Ach, meine liebe Shen Te, wir haben gehört, daß es dir jetzt so gut geht. Du bist ja eine Geschäftsfrau geworden! Denk dir, wir sind eben ohne Bleibe! Unser Tabakladen ist eingegangen. Wir haben uns gefragt, ob wir nicht bei dir für eine Nacht unterkommen können. Du kennst meinen Neffen? Er ist mitgekommen, er trennt sich nie von uns.

DER NEFFE *sich umschauend:* Hübscher Laden!

DIE SHIN Was sind denn das für welche?

SHEN TE Als ich vom Land in die Stadt kam, waren sie meine ersten Wirtsleute. *Zum Publikum:* Als mein bißchen Geld ausging, hatten sie mich auf die Straße gesetzt. Sie fürchten vielleicht, daß ich jetzt nein sage. Sie sind arm.

Sie sind ohne Obdach.
Sie sind ohne Freunde.
Sie brauchen jemand.
Wie könnte man da nein sagen?

Freundlich zu den Ankömmlingen: Seid willkommen! Ich will euch gern Obdach geben. Allerdings habe ich nur ein kleines Kämmerchen hinter dem Laden.

DER MANN Das genügt uns. Mach dir keine Sorge.

DIE FRAU *während Shen Te Tee bringt:* Wir lassen uns am besten hier hinten nieder, damit wir dir nicht im Weg sind. Du hast wohl einen Tabakladen in Erinnerung an dein erstes Heim gewählt? Wir werden dir einige Winke geben können. Das ist auch der Grund, warum wir zu dir kommen.

DIE SHIN *höhnisch:* Hoffentlich kommen auch Kunden?

DIE FRAU Das geht wohl auf uns?

DER MANN Psst! Da ist schon ein Kunde!

Ein abgerissener Mann tritt ein.

DER ABGERISSENE MANN Entschuldigen Sie. Ich bin arbeitslos.

Die Shin lacht.

SHEN TE Womit kann ich Ihnen dienen?

DER ARBEITSLOSE Ich höre, Sie eröffnen morgen. Da dachte ich, beim Auspacken wird manchmal etwas beschädigt. Haben Sie eine Zigarette übrig?

DIE FRAU Das ist stark, Tabak zu betteln! Wenn es noch Brot wäre!

DER ARBEITSLOSE Brot ist teuer. Ein paar Züge aus einer Zigarette, und ich bin ein neuer Mensch. Ich bin so kaputt.

SHEN TE *gibt ihm Zigaretten:* Das ist wichtig, ein neuer Mensch zu sein. Ich will meinen Laden mit Ihnen eröffnen, Sie werden mir Glück bringen.

Der Arbeitslose zündet sich schnell eine Zigarette an, inhaliert und geht hustend ab.

DIE FRAU War das richtig, liebe Shen Te?

DIE SHIN Wenn Sie den Laden so eröffnen, werden Sie ihn keine drei Tage haben.

DER MANN Ich wette, er hatte noch Geld in der Tasche.

SHEN TE Er sagte doch, daß er nichts hat.

DER NEFFE Woher wissen Sie, daß er Sie nicht angelogen hat?

SHEN TE *aufgebracht:* Woher weiß ich, daß er mich angelogen hat!

DIE FRAU *kopfschüttelnd:* Sie kann nicht nein sagen! Du bist zu gut, Shen Te! Wenn du deinen Laden behalten willst, mußt du die eine oder andere Bitte abschlagen können.

DER MANN Sag doch, er gehört dir nicht. Sag, er gehört einem Verwandten, der von dir genaue Abrechnung verlangt. Kannst du das nicht?

DIE SHIN Das könnte man, wenn man sich nicht immer als Wohltäterin aufspielen müßte.

SHEN TE *lacht:* Schimpft nur! Ich werde euch gleich das Quartier aufsagen, und den Reis werde ich zurückschütten!

DIE FRAU *entsetzt:* Ist der Reis auch von dir?

SHEN TE *zum Publikum:*

Sie sind schlecht.
Sie sind niemandes Freund.
Sie gönnen keinem einen Topf Reis.
Sie brauchen alles selber.
Wer könnte sie schelten?

Herein ein kleiner Mann.

DIE SHIN *sieht ihn und bricht hastig auf:* Ich sehe morgen wieder her. *Ab.*

DER KLEINE MANN *ruft ihr nach:* Halt, Frau Shin! Sie brauche ich gerade!

DIE FRAU Kommt die regelmäßig? Hat sie denn einen Anspruch an dich?

SHEN TE Sie hat keinen Anspruch, aber sie hat Hunger: das ist mehr.

DER KLEINE MANN Die weiß, warum sie rennt. Sind Sie die neue Ladeninhaberin? Ach, Sie packen schon die Stellagen voll. Aber die gehören Ihnen nicht, Sie! Außer, Sie bezahlen sie! Das Lumpenpack, das hier gesessen ist, hat sie nicht bezahlt. *Zu den andern:* Ich bin nämlich der Schreiner.

SHEN TE Aber ich dachte, das gehört zur Einrichtung, die ich bezahlt habe?

DER SCHREINER Betrug! Alles Betrug! Sie stecken natürlich mit dieser Shin unter einer Decke! Ich verlange meine 100 Silberdollar, so wahr ich Lin To heiße.

SHEN TE Wie soll ich das bezahlen, ich habe kein Geld mehr!

DER SCHREINER Dann lasse ich Sie einsteigern! Sofort! Sie bezahlen sofort, oder ich lasse Sie einsteigern!

DER MANN *soufliert Shen Te:* Vetter!

SHEN TE Kann es nicht im nächsten Monat sein?

DER SCHREINER *schreiend:* Nein!

SHEN TE Seien Sie nicht hart, Herr Lin To. Ich kann nicht allen Forderungen sofort nachkommen. *Zum Publikum:*

Ein wenig Nachsicht und die Kräfte verdoppeln sich.
Sieh, der Karrengaul hält vor einem Grasbüschel:
Ein Durch-die-Finger-Sehen und der Gaul zieht besser.
Noch im Juni ein wenig Geduld und der Baum
Beugt sich im August unter den Pfirsichen. Wie
Sollen wir zusammen leben ohne Geduld?
Mit einem kleinen Aufschub
Werden die weitesten Ziele erreicht.

Zum Schreiner: Nur ein Weilchen gedulden Sie sich, Herr Lin To!

DER SCHREINER Und wer geduldet sich mit mir und mit meiner Familie? *Er rückt eine Stellage von der Wand, als wolle er sie mitnehmen.* Sie bezahlen, oder ich nehme die Stellagen mit!

DIE FRAU Meine liebe Shen Te, warum übergibst du nicht deinem Vetter die Angelegenheit? *Zum Schreiner:* Schreiben Sie Ihre Forderung auf, und Fräulein Shen Tes Vetter wird bezahlen.

DER SCHREINER Solche Vettern kennt man!

DER NEFFE Lach nicht so dumm! Ich kenne ihn persönlich.

DER MANN Ein Mann wie ein Messer.

DER SCHREINER Schön, er soll meine Rechnung haben.

Er kippt die Stellage um, setzt sich darauf und schreibt seine Rechnung.

DIE FRAU *zu Shen Te:* Er wird dir das Hemd vom Leibe reißen für seine paar Bretter, wenn ihm nicht Halt geboten wird. Erkenne nie eine Forderung an, berechtigt oder nicht, denn sofort wirst du überrannt mit Forderungen, berechtigt oder nicht. Wirf ein Stück Fleisch in eine Kehrichttonne, und alle Schlachterhunde des Viertels beißen sich in deinem Hof. Wozu gibt's die Gerichte?

SHEN TE Die Gerichte werden ihn nicht ernähren, wenn seine Arbeit es nicht tut. Er hat gearbeitet und will nicht leer ausgehen. Und er hat seine Familie. Es ist schlimm, daß ich ihn nicht bezahlen kann! Was werden die Götter sagen?

DER MANN Du hast dein Teil getan, als du uns aufnahmst, das ist übergenug.

Herein ein hinkender Mann und eine schwangere Frau.

DER HINKENDE *zum Paar:* Ach, hier seid ihr! Ihr seid ja saubere Verwandte! Uns einfach an der Straßenecke stehenzulassen!

DIE FRAU *verlegen zu Shen Te:* Das ist mein Bruder Wung und die Schwägerin. *Zu den beiden:* Schimpft nicht und setzt euch ruhig in die Ecke, damit ihr Fräulein Shen Te, unsere alte Freundin, nicht stört. *Zu Shen Te:* Ich glaube, wir müssen die beiden aufnehmen, da die Schwägerin im fünften Monat ist. Oder bist du nicht der Ansicht?

SHEN TE Seid willkommen!

DIE FRAU Bedankt euch. Schalen stehen dort hinten. *Zu Shen Te:* Die hätten überhaupt nicht gewußt, wohin. Gut, daß du den Laden hast!

SHEN TE *lachend zum Publikum, Tee bringend:* Ja, gut, daß ich ihn habe!

Herein die Hausbesitzerin Frau Mi Tzü, ein Formular in der Hand.

DIE HAUSBESITZERIN Fräulein Shen Te, ich bin die Hausbesitzerin, Frau Mi Tzü. Ich hoffe, wir werden gut miteinander auskommen. Das ist ein Mietskontrakt. *Während Shen Te den Kontrakt durchliest:* Ein schöner Augenblick, die Eröffnung eines kleinen Geschäfts, nicht wahr, meine Herrschaften? *Sie schaut sich um.* Ein paar Lücken sind ja noch auf den Stellagen, aber es wird schon gehen. Einige Referenzen werden Sie mir wohl beibringen können?

SHEN TE Ist das nötig?

DIE HAUSBESITZERIN Aber ich weiß doch gar nicht, wer Sie sind.

DER MANN Vielleicht könnten wir für Fräulein Shen Te bürgen? Wir kennen sie, seit sie in die Stadt gekommen ist, und legen jederzeit die Hand für sie ins Feuer.

DIE HAUSBESITZERIN Und wer sind Sie?

DER MANN Ich bin der Tabakhändler Ma Fu.

DIE HAUSBESITZERIN Wo ist Ihr Laden?

DER MANN Im Augenblick habe ich keinen Laden. Sehen Sie, ich habe ihn eben verkauft.

DIE HAUSBESITZERIN So. *Zu Shen Te:* Und sonst haben Sie niemand, bei dem ich über Sie Auskünfte einholen kann?

DIE FRAU *souffliert:* Vetter! Vetter!

DIE HAUSBESITZERIN Sie müssen doch jemand haben, der mir dafür Gewähr bietet, was ich ins Haus bekomme. Das ist ein respektables Haus, meine Liebe. Ohne das kann ich mit Ihnen überhaupt keinen Kontrakt abschließen.

SHEN TE *langsam, mit niedergeschlagenen Augen:* Ich habe einen Vetter.

DIE HAUSBESITZERIN Ach, Sie haben einen Vetter. Am Platz? Da können wir doch gleich hingehen. Was ist er?

SHEN TE Er wohnt nicht hier, sondern in einer anderen Stadt.

DIE FRAU Sagtest du nicht in Schun?

SHEN TE Herr ... Shui Ta. In Schun!

DER MANN Aber den kenne ich ja überhaupt! Ein Großer, Dürrer.

DER NEFFE *zum Schreiner:* Sie haben doch auch mit Fräulein Shen Tes Vetter verhandelt! Über die Stellagen!

DER SCHREINER *mürrisch:* Ich schreibe für ihn gerade die Rechnung aus. Da ist sie! *Er übergibt sie.* Morgen früh komme ich wieder! *Ab.*

DER NEFFE *ruft ihm nach, auf die Hausbesitzerin schielend:* Seien Sie ganz ruhig, der Herr Vetter bezahlt es!

DIE HAUSBESITZERIN *Shen Te scharf musternd:* Nun, es wird mich auch freuen, ihn kennenzulernen. Guten Abend, Fräulein. *Ab.*

DIE FRAU *nach einer Pause:* Jetzt kommt alles auf! Du kannst sicher sein, morgen früh weiß die Bescheid über dich.

DIE SCHWÄGERIN *leise zum Neffen:* Das wird hier nicht lange dauern!

Herein ein Greis, geführt von einem Jungen.

DER JUNGE *nach hinten:* Da sind sie.

DIE FRAU Guten Tag, Großvater. *Zu Shen Te:* Der gute Alte! Er hat sich wohl um uns gesorgt. Und der Junge, ist er nicht groß geworden? Er frißt wie ein Scheunendrescher. Wen habt ihr denn noch alles mit?

DER MANN *hinausschauend:* Nur noch die Nichte.

DIE FRAU *zu Shen Te:* Eine junge Verwandte vom Land. Hoffentlich sind wir dir nicht zu viele. So viele waren wir noch nicht, als du bei uns wohntest, wie? Ja, wir sind immer mehr geworden. Je schlechter es ging, desto mehr wurden wir. Und je mehr wir wurden, desto schlechter ging es. Aber jetzt riegeln wir hier ab, sonst gibt es keine Ruhe.

Sie sperrt die Türe zu, und alle setzen sich.

DIE FRAU Die Hauptsache ist, daß wir dich nicht im Geschäft stören. Denn wovon soll sonst der Schornstein rauchen? Wir haben uns das so gedacht: Am Tag gehen die Jüngeren weg, und nur der Großvater, die Schwägerin und vielleicht ich bleiben. Die anderen sehen höchstens einmal oder zweimal herein untertags, nicht? Zündet die Lampe dort an und macht es euch gemütlich.

DER NEFFE *humoristisch:* Wenn nur nicht der Vetter heut nacht hereinplatzt, der gestrenge Herr Shui Ta!

Die Schwägerin lacht.

DER BRUDER *langt nach einer Zigarette:* Auf eine wird es wohl nicht ankommen!

DER MANN Sicher nicht. *Alle nehmen sich zu rauchen. Der Bruder reicht einen Krug Wein herum.*

DER NEFFE Der Vetter bezahlt es!

DER GROSSVATER *ernst zu Shen Te:* Guten Tag!

Shen Te, verwirrt durch die späte Begrüßung, verbeugt sich. Sie hat in der einen Hand die Rechnung des Schreiners, in der andern den Mietskontrakt.

DIE FRAU Könnt ihr nicht etwas singen, damit die Gastgeberin etwas Unterhaltung hat?

DER NEFFE Der Großvater fängt an!

Sie singen »Das Lied vom Rauch«

DER GROSSVATER

Einstmals, vor das Alter meine Haare bleichte
Hofft mit Klugheit ich mich durchzuschlagen.
Heute weiß ich, keine Klugheit reichte
Je, zu füllen eines armen Mannes Magen.
Darum sagt ich: laß es!
Sieh den grauen Rauch
Der in immer kältre Kälten geht: so
Gehst du auch.

DER MANN

Sah den Redlichen, den Fleißigen geschunden
So versucht ich's mit dem krummen Pfad
Doch auch der führt unsereinen nur nach unten
Und so weiß ich mir halt fürder keinen Rat.
Und so sag ich: laß es!
Sieh den grauen Rauch
Der in immer kältre Kälten geht: so
Gehst du auch.

DIE NICHTE

Die da alt sind, hör ich, haben nichts zu hoffen
Denn nur Zeit schafft's und an Zeit gebricht's.
Doch uns Jungen, hör ich, steht das Tor weit offen
Freilich, hör ich, steht es offen nur ins Nichts.
Und auch ich sag: laß es!
Sieh den grauen Rauch
Der in immer kältre Kälten geht: so
Gehst du auch.

DER NEFFE Woher hast du den Wein?

DIE SCHWÄGERIN Er hat den Ballen mit Tabak versetzt.

DER MANN Was? Dieser Tabak war das einzige, das uns noch blieb! Nicht einmal für ein Nachtlager haben wir ihn angegriffen! Du Schwein!

DER BRUDER Nennst du mich ein Schwein, weil es meine Frau friert? Und hast selber getrunken. Gib sofort den Krug her!

Sie raufen sich. Die Tabakstellagen stürzen um.

SHEN TE *beschwört sie:* Oh, schont den Laden, zerstört nicht alles! Er ist ein Geschenk der Götter! Nehmt euch, was da ist, aber zerstört es nicht!

DIE FRAU *skeptisch:* Der Laden ist kleiner, als ich dachte. Wir hätten vielleicht doch nicht der Tante und den andern davon erzählen sollen. Wenn sie auch noch kommen, wird es eng hier.

DIE SCHWÄGERIN Die Gastgeberin ist auch schon ein wenig kühler geworden.

Von draußen kommen Stimmen, und es wird an die Tür geklopft.

RUFE Macht auf! – Wir sind es!

DIE FRAU Bist du es, Tante? Was machen wir da?

SHEN TE Mein schöner Laden! O Hoffnung! Kaum eröffnet, ist er schon kein Laden mehr! *Zum Publikum:*

Der Rettung kleiner Nachen
Wird sofort in die Tiefe gezogen:
Zu viele Versinkende
Greifen gierig nach ihm.

RUFE *von draußen:* Macht auf!

FÜNF FASSUNGEN EINES DETAILS DER FÜNFTEN SZENE

[Fassung 182/43 ff.]

Herein das Dienstmädchen des Barbiers mit Wang, dem Arbeitslosen.

DAS DIENSTMÄDCHEN Herr Kau kommt gleich. Als Wang Ihre Einladung ausrichtete, sah ich, daß er Schmerzen hatte. Ihm wurde gestern abend, als er Li Gung beisprang, die Hand verletzt. In der Nacht ist sie aufgeschwollen. *Er*[1] *hebt Wangs verletzte Hand hoch.* Haben Sie nichts, woraus man eine Schlinge für den Arm machen könnte?[2] *Lao Go holt aus dem Nebengelaß den Shawl der Li Gung und wirft ihn Sun zu.*

SUN[3] Aber das ist doch Li Gungs neuer Shawl. Meinen Sie nicht, daß sie gerade den ungern hergeben würde?

LAO GO Warum? Ich denke nicht, daß sie ihn noch braucht.

SUN[3] Aber sie sagte mir gestern, sie habe ihn gekauft, um jemand Bestimmtem zu gefallen.

LAO GO Ja, aber das ist nicht mehr nötig, wie es sich herausgestellt hat. – Wie ist das mit der Hand passiert?

WANG Der große Mensch, der die Teppiche auf die Straße warf, hat sie mir im Gelenk umgedreht.

DAS DIENSTMÄDCHEN *weint:* Seine Hand ist kaputt, er kann nie mehr arbeiten.

LAO GO *seine Preistafeln umschreibend:* Haben Sie Zeugen?

1 [Hs. Korr.:] Sie
2 [Hs. Korr., später gestrichen:] Seine Hand ist kaputt! Wie soll er je wieder arbeiten?
3 [Hs. Korr.:] DAS DIENSTMÄDCHEN

DAS DIENSTMÄDCHEN Wozu?

LAO GO Wenn ihr Zeugen habt, kann er zu Herrn Feh Pung gehen und Schadenersatz verlangen.

DAS DIENSTMÄDCHEN Oh, Wang, das wäre etwas, wie? Ich habe es gesehen.

LAO GO Sie scheiden aus. Sie sind seine Freundin. Hat es Frau Si gesehen?

FRAU SI Ich? Nein. Ich gehe nicht vor Gericht. Aber Herr Tai hat zum Fenster heruntergesehen.

LAO GO Herr Tai ist eine vertrauenswürdige Persönlichkeit. Rufen Sie ihn!

Frau Si geht, ihn rufen.

WANG *auf seine Hand blickend, besorgt:* Aber ist sie auch dick genug? Es kommt mir vor, als sei sie schon wieder abgeschwollen.

DAS DIENSTMÄDCHEN *beruhigt ihn:* Nein, sie ist bestimmt nicht abgeschwollen.

WANG Wirklich nicht?[4]

DAS DIENSTMÄDCHEN Herr Ma, Sie können doch vor Gericht bezeugen, daß Wang gestern niedergeschlagen wurde.

HERR MA Ich? Wieso? Keine Ahnung.

LAO GO Es handelt sich um eine Schadenersatzforderung. Wie können Sie sagen, daß Sie da keine Ahnung haben?

HERR MA Aber wie komme ich dazu, ihm den Zeugen zu machen?

LAO GO Weil seine Hand verletzt wurde.

HERR MA Verletzt oder nicht verletzt, ich habe nichts mit ihm zu schaffen.

LAO GO *mit leiser Drohung:* Sie sind der Ansicht, es spielt bei seiner Rente keine Rolle, ob eine Verletzung stattfand oder nicht?

HERR MA *verwirrt:* Das habe ich nicht gesagt.

LAO GO Nicht wahr? *Zu Wang:* Ihr seht, Herr Ma ist kein Unmensch. Sein eigenes Leiden hat ihn für das Leiden seiner Mitmenschen empfindlich gemacht. Er geht mit Euch zu Herrn Feh Pung und legt Zeugnis ab.

DAS DIENSTMÄDCHEN O wirklich? Das ist schön von Ihnen. Es müßte nur gleich sein, damit Wang die Hand noch richtig dick zeigen kann.

4 [Hs. Erg.:] *Herein Frau Si mit Herrn Ma.*

Der Barbier betritt den Laden. Er gibt Lao Go ein Zeichen, sich nicht stören zu lassen.

LAO GO Geht also schnell.

WANG *geht hinaus, den Blick starr auf seine Hand gerichtet, gefolgt vom Barbier:* Ja, ich glaube auch, sie schwillt noch ein wenig mehr an. Vielleicht ist doch das Gelenk gebrochen. *Ab.*

DAS DIENSTMÄDCHEN Das ist vielleicht seine erste Chance, die er je gehabt. Aber wo ist Frau Si hin?

Frau Si ist weggelaufen.

DAS DIENSTMÄDCHEN Sie hat den Eimer mitten im Zimmer stehen lassen. *Sie räumt ihn zur Seite und geht ab:* Besten Dank, Herr Lao Go.

LAO GO *zum Barbier:* Könnten Sie sogleich mit meiner Kusine zu dem hohen Beamten gehen?

HERR KAU Gewiß, ich sehe, auch Sie setzen Ihre Preise herab. Haben Sie genug Kapital für die nächsten Wochen?

LAO GO Offen gestanden: Nein.

HERR KAU Ich hoffe, Fräulein Li Gung wendet sich in Bedrängnis an niemand andern als an mich, der ihr wirklich wohlwill ... Ich sage das, weil ich einige gewiß lächerliche Gerüchte gehört habe, nach denen sie von bösen Mäulern in Beziehung mit einem üblen Subjekt gebracht wird ...

LAO GO Das ist böse Nachrede, meine Kusine ist mit nichts anderem beschäftigt als mit der Rettung ihres kleinen Ladens, den ihr die Götter verliehen haben, damit sie in bescheidenem Umfang Gutes tun kann. Wenn Sie gestatten, hole ich sie, damit Sie das, ungestört durch mich selbst, aus ihrem eigenen Mund bestätigt hören.

Er holt lächelnd die Heiratsannonce aus dem Ladenfenster, zeigt sie Herrn Kau und verstaut sie unter den Ladentisch.

HERR KAU Man sagt ja, Vernunftheiraten seien die besten.

LAO GO *ins Gelaß gehend:* Man sagt es mit Recht.

HERR KAU Ich befinde mich in einem ernsten seelischen Zwiespalt, meine Damen und Herren. Es ist Fräulein Li Gungs Wunsch, diese elf kleinen Geschäfte gegen den Feh Pung zu verteidigen. Und es ist mein Wunsch, Wünsche Fräulein Li Gungs zu erfüllen. Da ich bei mir diesen Wunsch entdeckte, hatte ich heute eine schlaflose Nacht. Er ist nicht ungefährlich. Er kann zum Bankrott führen, wissen Sie.

Um es gleich vorwegzunehmen: gegen Morgen erschien es mir nicht als ein Opfer, sondern als ein Geschäft, die elf Läden und den der Li Gung mit ein wenig Kapital auszustatten, da ja dieser Feh Pung sie braucht und es recht einträgliche Verschmelzungsverhandlungen geben muß, wenn er entdeckt, daß Kapital hinter ihnen steht. Leider bohrt in mir immer weiter ein entsetzlicher Zweifel, nämlich der, ob ich nicht diese Sache nur für ein Geschäft ansehe, weil mir Li Gung den Kopf verdreht hat. Ich leide, meine Damen und Herrn, ich leide schrecklich. Ach ja, Liebesqualen. *Er geht zur Tür und schaut hinaus.* Der Laden ist eröffnet. Es kommen schon Kunden. Ich werde Li Gung sagen, sie darf ihre Preise unter keinen Umständen heruntersetzen. Hier wird ein paar Tage nichts verkauft werden, aber drüben wird mit Verlust verkauft werden. *Er reibt sich die Hände:* Es ist doch ein Geschäft. Ich werde einen ganzen Abend mit ihr sein. Nein, es ist doch Liebe.

[Fassung 182/31 ff.]

Herein der Barbier Kiau. Verbeugungen.

HERR KIAU Ich bin der Barbier Kiau. Gestatten Sie mir, Ihnen mein Bedauern über das Unrecht auszudrücken, das Ihrer schönen Kusine widerfahren ist. Gleichzeitig bemerke ich, daß ich Ihre Annonce im Fenster mit Interesse studiert habe. *Lao Go verbeugt sich.* Wir sollten uns zusammensetzen und beraten, wie wir den Anschlag auf Fräulein Li Gungs Laden zurückschlagen können. Die Machenschaften dieses Feh Pung sind ungesetzlich.

LAO GO Was, Einbruch in einen Laden am hellichten Tag ist ungesetzlich?

KIAU Jawohl. Wir vergessen allzu leicht, daß dieses Land gegen jede Art von Gewalttätigkeit und Willkür Gesetze hat, die sehr streng sind.

LAO GO Darf ich fragen, woher Sie von der Existenz von Gesetzen gegen die gewaltsame Zerstörung kleiner Geschäfte Kenntnis bekommen haben?

KIAU *lächelt, ohne zu antworten.*

LAO GO Etwa, weil Sie selber ein kleines Geschäft haben?

KIAU O nein. Ich habe ein großes Geschäft. Ich verlasse mich auf Ihre Diskretion, wenn ich Ihnen gestehe[1], daß ich nicht nur ein Barbiergeschäft, sondern acht Barbiergeschäfte besitze. Daher habe ich Kenntnis von Gesetzen, die gegen die Bildung allzugroßer Geschäfte erlassen sind.

LAO GO Wie interessant!

KIAU Verstehen Sie, was wir machen müssen, ist: zum Stadtrichter gehen und ihn dazu bringen, die betreffenden Gesetze anzuwenden.

LAO GO Ich verstehe. Das wird nicht[2] ganz leicht sein, meinen Sie?

KIAU Keineswegs, natürlich nicht[3]. Aber ich kenne diesen hohen Beamten. Als Besitzer eines allzugroßen Geschäfts bin ich gezwungen, mit ihm gute Beziehungen aufrechtzuerhalten.

LAO GO Aber wird nicht auch Herr Feh Pung . . .?

KIAU Selbstverständlich. Zufällig weiß ich, daß der gute Feh Pung neulich im Knöchelspiel mit dem hohen Beamten, bei dem alle Besitzer allzugroßer Geschäfte in der Regel verlieren, gewonnen hat, da er eine Leidenschaft für dieses Spiel hat. Das hat eine Verstimmung geschaffen.

LAO GO Die nicht behoben wurde?

KIAU Im Gegenteil, die vertieft wurde. Dieser Feh Pung wagte es, dem hohen Beamten[4] ein Geldgeschenk zu schikken.

LAO GO Ach.

KIAU Ich selber bin ein sehr schlechter Knöchelspieler, mit keinem Ehrgeiz und großer Achtung vor Justizbeamten. Jedoch wird es noch nötig sein, daß der hohe Beamte auch Ihr Fräulein Kusine kennenlernt. Er ist ein Damenfreund . . .

LAO GO Sie meinen, eine Sympathie zu meiner Kusine könnte ihn dazu bringen . . .

KIAU Die Gesetze anzuwenden? Sie allein vielleicht nicht, da der hohe Beamte durch weiblichen Charme sich nicht in der

1 [Hs. Erg.:] Wenn ich Ihnen – auch um Ihnen einen Überblick über meine finanzielle Stellung zu ermöglichen – gestehe

2 [Wort gestrichen]

3 [Die letzten Wörter gestrichen]

4 [Hs. Erg.:] am nächsten Tag

Führung der Amtsgeschäfte beeinflussen läßt. Immerhin ist anzunehmen, daß er, erheitert durch meine Verluste im Knöchelspiel und gerührt durch Fräulein Li Gungs hilflosen Charme, sich einen Stoß gibt.

LAO GO Und dem Gesetz freien Lauf läßt!

KIAU Richtig. –

LAO GO Ich zweifle nicht, daß die Hilfe eines einflußreichen Mannes für meine Kusine und für die elf Familien, die in der gleichen Lage sind, entscheidend sein könnte. Ihr Interesse an Fräulein Li Gung ist äußerst schmeichelhaft, Ihre Lektüre meiner armseligen und undelikaten Annonce eine große Freundlichkeit. Aber ich muß es meiner Kusine überlassen, ob sie glaubt, Ihr Angebot, zu helfen, annehmen zu können.

HERR KIAU Teilen Sie es mir mit, wenn Sie ihr Einverständnis gewonnen haben, und ich werde sogleich – es kann sogar schon heute abend sein – ein Zusammentreffen mit dem hohen Beamten verabreden.

Verbeugungen. Herr Kiau geht hinaus. Lao Go setzt Sun wieder hinter seine Zeitung.

[Fassung 182/55 ff.]

Herein Sun mit dem Polizisten.

SUN Ist Fräulein Li Gung nicht hier?

LAO GO *sich schneuzend:* Nein.

SUN Ich bin Sun, der Wasserverkäufer. Sie sind wohl Herr Lao Go, Li Gungs Vetter?

LAO GO Ganz richtig. Guten Tag, Sun.

SUN Ich bin befreundet mit Fräulein Li Gung, wissen Sie.

LAO GO Ich weiß, daß Sie einer ihrer ältesten Freunde sind und sie große Stücke auf Sie hält.

SUN *zum Polizisten:* Hören Sie? Ich bin nämlich hier, weil Fräulein Li Gung als Zeugin bestätigen wollte, daß mir gestern die Hand zerbrochen wurde.

Der Polizist hebt sie hoch, sie zu betrachten: Kaputt ist sie.

LAO GO Sie brauchen eine Schlinge für den Arm. *Er holt aus dem Gelaß den Shawl der Li Gung und wirft ihn ihm zu.*

SUN Aber das ist doch Li Gungs neuer Shawl.[1] Meinen Sie nicht, daß sie gerade den ungern hergeben würde?[2]

LAO GO Warum?[3] Sie braucht ihn nicht mehr.

SUN Aber sie hat ihn gekauft, um jemandem Bestimmtem zu gefallen.

LAO GO Das ist nicht mehr nötig, wie es sich herausgestellt hat.

SUN *macht sich eine Schlinge daraus:* Sie ist meine einzige Zeugin.

DER POLIZIST Ihr Fräulein Kusine soll gesehen haben, wie der Barbier Kiau mit der Brennschere nach dem Wasserverkäufer geschlagen hat. Wissen Sie davon?

Der Barbier Kiau ist eingetreten, gefolgt von Frau Schin.[4]

LAO GO Nein,[5] ich weiß von nichts. *Er verbeugt sich vor Kiau, der sich auch verbeugt.*

SUN Oh, Li Gung wird alles bezeugen. Wo ist sie?

LAO GO *auf den Barbier schauend:* Ich erinnere mich jetzt doch, daß sie mir davon berichtete. Sie irren sich aber, Herr Sun, wenn Sie glauben, daß sie selbst gesehen hat, wie der kleine Vorfall sich abspielte.

SUN Herr Lao Go, Sie müssen sie mißverstanden haben. *Zum Polizisten:* Es ist nur ein Mißverständnis. Lassen Sie Li Gung dasein, und alles klärt sich auf. Mir ist die Hand zerbrochen worden. Hier, man sieht es. Sie wird schon steif.

LAO GO Herr Sun, Sie haben meine Kusine mißverstanden. Sie war überhaupt nicht auf dem Platz, als alles sich abspielte. Nehmen Sie Platz, Herr Kiau. *Er stellt ihm einen Stuhl hin.*

DER POLIZIST Hier ist ja Herr Kiau, gegen den sich deine Anklage richtet. Herr Lao Go, den ich als einen sehr gewissenhaften Mann kenne, muß recht haben, wenn Herr Kiau hier im Laden verkehrt. Du scheinst gelogen zu haben, Kerl.

SUN Ich verstehe nicht[6]. Es ist ein Mißverständnis.

1 [Hs. Korr.:] Aber das ist doch der neue Shawl.

2 [Streichung des ganzen Satzes]

3 [Wort gestrichen]

4 [Hs. Erg.:] *die sich jedoch auf einen Wink des Barbiers zurückzieht.*

5 [Hs. Korr.:] Es ist eines meiner Prinzipien, mich in keinen Streit zu mischen.

6 [Hs. Korr.:] nichts

LAO GO Herr Sun, Sie nennen sich einen Freund meiner Kusine. Meine Kusine hat eben jetzt sehr große Sorgen. Sie hat sich in einem Menschen, auf den sie vertraute, getäuscht und ist aus allen Himmeln gestürzt. Ich bin überzeugt, daß Sie von ihr nicht verlangen werden, daß sie anderes als die strengste Wahrheit sagt.

SUN *verwirrt:* Natürlich nicht.[7]

LAO GO Bedenken Sie die Ungelegenheiten, in die Sie das bringen könnte.[8]

SUN Ja.[9]

DER POLIZIST Worauf ich wohl wieder gehen kann. Sei das nächste Mal ein wenig vorsichtiger mit deinen Anklagen, Kerl. Wenn Herr Kiau nicht sehr gütig ist, kannst du noch wegen Ehrabschneidung ins Kittchen kommen. Ab jetzt!

Er geht mit dem bestürzten Sun hinaus.[10]

DER POLIZIST *leise:* Eine Frage: gibt es hier einen zweiten Ausgang? Ich möchte ungern Ihrer Frau Schin begegnen.

LAO GO Leider hat das Gelaß hier keinen eigenen Ausgang.

FRAU SCHIN *in der Tür:* Wenn Sie Ihr Auge zugedrückt und Ihre Zigarre eingeschoben bekommen haben, können Sie mich nach Haus begleiten, Ma Wang!

Er folgt ihr zerschmettert hinaus.

LAO GO *zu Kiau:* Ich bitte, den Vorgang zu entschuldigen.

KIAU Er ist es. Ich bin gekommen, um Ihnen mitzuteilen, daß ich die kleine Annonce, die einige Tage in Ihrem Schaufenster hing, mit tiefem Interesse studiert habe.

LAO GO Ich betrachte Ihre Lektüre meiner armseligen und undelikaten Annonce als eine große Freundlichkeit. Jedoch sind in allerletzter Zeit Veränderungen eingetreten, die einige Phrasen der Annonce direkt Lügen strafen. Dieser Laden ist bankrott, Herr Kiau.

KIAU Herr Lao Go, der Reiz des in der Annonce erwähnten Fräuleins besteht nicht in der Güte ihres Ladens, sondern in der Güte ihres Herzens.

7 [Hs. Erg.:] Nur bin ich im Vertrauen auf ihr Zeugnis zum Richter gelaufen anstatt zum Arzt, so daß die Hand jetzt wohl steif bleibt.

8 [Hs. Korr.:] Und bedenken Sie gar nicht die Ungelegenheiten, in die es Sie bringen könnte, wenn sie einen Meineid schwüre?

9 [Hs. Korr.:] Doch. Nur . . .

10 [Hs. Korr.:] *Der bestürzte Sun hinaus.*

LAO GO Leider hat ein gewisses Subjekt die Güte dieses Herzens allzusehr ausgebeutet.

KIAU Er war wohl kaum der einzige. Der Name, den das Fräulein im Viertel genießt, sagt alles. Der Engel der Vorstädte!

LAO GO Aber Sie verstehen, daß dem unbedingt ein Riegel vorgeschoben werden muß.

KIAU Gestatten Sie, daß ich eine abweichende Meinung äußere: Dieser Güte muß der Riegel recht eigentlich geöffnet werden. Es ist die Natur des Fräuleins, Gutes zu tun. Unzweifelhaft eine sehr schöne Natur.

LAO GO Aber wenn ich Ihnen sage, daß sie heute kaum noch 100 Yen auszuteilen hätte ...

KIAU Was sind 100 Yen? 10 000 Yen sind vonnöten! Was bedeutet die Speisung von 4 Menschen, die ich jeden Morgen vor ihrer Tür sehe! Man kann 400 speisen! Dieser Laden gestattet es kaum, 4 Menschen zu unterhalten. Eine kleine Fabrik, die doch leicht einzurichten wäre, würde das ganze Viertel in Brot setzen. Herr Lao Go, meinen Sie, daß solche Ideen, die mir in den letzten Tagen gekommen sind, bei dem Fräulein für mich sprechen würden?

LAO GO Meine Kusine war bisher auf nichts anderes bedacht als auf die Führung ihres kleinen Ladens, den die Götter ihr verliehen haben, damit sie in bescheidenem Umfang Gutes tun kann. Sie wird Ihre hohen Gedanken mit Bewunderung anhören.

KIAU Und die Sache mit diesem üblen Subjekt ist wirklich vorüber, ganz aus?

LAO GO Ganz. Freilich, es wird Zeit nehmen, bis sie alles verwunden hat.

KIAU Man wird vorsichtig sein, behutsam.

LAO GO Da sind frische Wunden. Sie wird aufs Land reisen, einige Wochen. Sie wird jedoch froh sein, zuvor alles zu besprechen mit jemand, dem sie vertrauen kann.

KIAU Bei einem kleinen Abendessen[11], in diskreter Weise.

LAO GO Das wird für beide Teile das beste sein. Ich beeile mich, meine Kusine zu verständigen. Gedulden Sie sich ein paar Minuten. *Ab in das Gelaß.*

11 [Hs. Korr.:] Bei einem bekömmlichen Abendessen, in einem kleinen, aber guten Restaurant,

DER BARBIER *aufstehend:* Wie finden Sie das, meine Damen und Herren? Kann man mehr tun? Kann man selbstloser sein? Feinfühliger? Weitblickender? Ein kleines Abendessen! Was denkt man sich dabei gemeinhin Ordinäres und Plumpes dabei. Und nichts davon wird geschehen, nichts. Keine Berührung, nicht einmal eine scheinbar zufällige, beim Reichen des Salznäpfchens! Nur ein Austausch von Ideen wird stattfinden. Zwei Seelen werden sich finden, über den Blumen des Tisches, weißen Chrysanthemen übrigens. *Er notiert sich das.* Nein, hier wird nicht eine unglückliche Lage ausgenutzt, hier wird kein Vorteil aus einer Enttäuschung gezogen. Verständnis und Hilfe wird geboten, aber beinahe lautlos. Nur mit einem Blick wird das vielleicht anerkannt werden, einem Blick, der auch anderes bedeuten kann.

[Fassung 182/72 ff.]

Herein Sun mit dem Polizisten.

SUN Ist Fräulein Li Gung nicht hier?

LAO GO *sich schneuzend*:* Nein.

SUN Ich bin Sun, der Wasserverkäufer. Sie sind wohl Herr Lao Go, Li Gungs Vetter?

LAO GO Ganz richtig. Guten Tag, Sun.

SUN Ich bin befreundet mit Fräulein Li Gung, wissen Sie.

LAO GO[1] Ich weiß, daß Sie einer ihrer ältesten Freunde sind und sie große Stücke auf Sie hält.[2]

SUN *zum Polizisten:* Hören Sie? Ich bin nämlich hier, weil Fräulein Li Gung als Zeugin bestätigen wollte, daß mir gestern die Hand zerbrochen wurde.

DER POLIZIST *hebt sie hoch, sie zu betrachten:* Kaputt ist sie.

LAO GO Sie brauchen eine Schlinge für den Arm.

Er holt aus dem Gelaß den Shawl der Li Gung und wirft ihn Sun zu.

SUN Aber das ist doch der neue Shawl.

LAO GO Sie braucht ihn nicht mehr.

* [Beide Wörter gestrichen]

1 [Hs. Erg.:] *in Gedanken anderswo:*

2 [Zweiter Objektsatz gestrichen]

SUN Aber sie hat ihn gekauft, um jemandem Bestimmten zu gefallen.

LAO GO Das ist nicht mehr nötig, wie es sich herausgestellt hat.

SUN *macht sich eine Schlinge daraus:* Sie ist meine einzige Zeugin.

DER POLIZIST Ihr Fräulein Kusine soll gesehen haben, wie der Barbier Kiau mit der Brennschere nach dem Wasserverkäufer geschlagen hat. Wissen Sie davon?

Der Barbier Kiau ist eingetreten, gefolgt von Frau Schin, die sich jedoch auf einen Wink des Barbiers zurückzieht.

LAO GO Es ist eines meiner Prinzipien, mich in keinen Streit zu mischen. Ich weiß von nichts.

Er verbeugt sich vor Kiau, der sich auch verbeugt.

SUN Oh, Li Gung wird alles bezeugen. Wo ist sie?

LAO GO *auf den Barbier schauend:* Ich erinnere mich jetzt doch, daß sie mir davon berichtete. Sie irren sich aber, Herr Sun, wenn Sie glauben, daß sie selbst gesehen hat, wie der kleine Vorfall sich abspielte.

SUN Herr Lao Go, Sie müssen sie mißverstanden haben. *Zum Polizisten:* Es ist nur ein Mißverständnis. Lassen Sie Li Gung dasein, und alles klärt sich auf. Mir ist die Hand zerbrochen worden. Hier, man sieht es. Sie wird schon steif.

LAO GO Herr Sun, Sie haben meine Kusine mißverstanden. Sie war überhaupt nicht auf dem Platz, als alles sich abspielte. Nehmen Sie Platz, Herr Kiau. *Er stellt ihm einen Stuhl hin.*

DER POLIZIST Hier ist ja Herr Kiau, gegen den sich deine Anklage richtet. Herr Lao Go, den ich als einen sehr gewissenhaften Mann kenne, muß recht haben, wenn Herr Kiau hier im Laden verkehrt. Du scheinst gelogen zu haben, Kerl.

SUN Ich verstehe nicht[3]. Es ist ein Mißverständnis.

LAO GO Herr Sun, Sie nennen sich einen Freund meiner Kusine. Meine Kusine hat eben jetzt sehr große Sorgen. Sie hat sich in einem Menschen, auf den sie vertraute, getäuscht und ist aus allen Himmeln gestürzt. Ich bin überzeugt, daß

3 [Hs. Korr.:] nichts

Sie von ihr nicht verlangen werden, daß sie anderes als die strengste Wahrheit sagt.

SUN *verwirrt:* Natürlich nicht. Nur bin ich im Vertrauen auf ihr Zeugnis zum Richter gelaufen anstatt zum Arzt, so daß die Hand jetzt wohl steif bleibt.

LAO GO Und bedenken Sie gar nicht die Ungelegenheiten, in die es sie bringen könnte, wenn sie einen Meineid schwüre?

SUN Doch, nur . . .

DER POLIZIST Worauf ich wohl wieder gehen kann. Sei das nächste Mal ein wenig vorsichtiger mit deinen Anklagen, Kerl. Wenn Herr Kiau nicht sehr gütig ist, kannst du noch wegen Ehrabschneidung ins Kittchen kommen. Ab jetzt!

Der bestürzte Sun hinaus[4].

[5]DER POLIZIST *leise:* Eine Frage: Gibt es hier einen zweiten Ausgang? Ich möchte ungern Ihrer Frau Schin begegnen.

LAO GO Leider hat das Gelaß hier keinen eigenen Ausgang.

FRAU SCHIN *in der Tür:* Wenn Sie Ihr Auge zugedrückt und Ihre Zigarre eingeschoben bekommen haben, können Sie mich nach Haus begleiten, Ma Wang!

Er folgt ihr zerschmettert hinaus![5]

LAO GO *zu Kiau:* Ich bitte, den Vorgang zu entschuldigen.

KIAU Er ist es.[6] Ich bin gekommen, um Ihnen mitzuteilen, daß ich die kleine Annonce, die einige Tage in Ihrem Schaufenster hing[7], mit tiefem Interesse studiert habe.

LAO GO Ich betrachte Ihre Lektüre meiner armseligen und undelikaten Annonce als eine große Freundlichkeit. Jedoch sind in allerletzter Zeit Veränderungen eingetreten, die einige Phrasen der Annonce direkt Lügen strafen. Dieser Laden ist bankrott, Herr Kiau.

KIAU Herr Lao Go, der Reiz des in der Annonce erwähnten Fräuleins besteht nicht in der Güte ihres Ladens, sondern in der Güte ihres Herzens.

LAO GO Leider hat ein gewisses Subjekt die Güte dieses Herzens[8] allzu sehr ausgebeutet.

4 [Hs. Erg.:] *mit dem Polizisten.*

5 [Hs. Streichung von DER POLIZIST *leise* . . . bis: . . . *zerschmettert hinaus*]

6 [Hs. Korr.:] Er ist entschuldigt.

7 [Hs. Korr.:] die in der Zeitung erschien

8 [Hs. Streichung von: . . . allzu sehr ausgebeutet . . . bis: . . . wohl kaum der einzige]

KIAU Er war wohl kaum der einzige.[8] Der Name, den das Fräulein im Viertel genießt, sagt alles. Der Engel der Vorstädte!

LAO GO Aber Sie verstehen, daß dem[9] unbedingt ein Riegel vorgeschoben werden muß.

KIAU Gestatten Sie, daß ich eine abweichende Meinung äußere: Dieser Güte muß der Riegel recht eigentlich geöffnet werden. Es ist die Natur des Fräuleins, Gutes zu tun. Unzweifelhaft eine sehr schöne Natur!

LAO GO Aber wenn ich Ihnen sage, daß sie heute kaum noch 100 Yen auszuteilen hätte . . .

KIAU Was sind 100 Yen? 10 000 Yen sind vonnöten.[10] Das bedeutet die Speisung von 4 Menschen, die ich jeden Morgen vor ihrer Tür sehe! Man kann 400 speisen? Dieser Laden gestattet es kaum, 4 Menschen zu unterhalten. Eine kleine Fabrik, die doch leicht einzurichten wäre, würde das ganze Viertel in Brot setzen.[11] Herr Lao Go, meinen Sie, daß solche Ideen, die mir in den letzten Tagen gekommen sind, bei dem Fräulein für mich sprechen würden?

LAO GO Meine Kusine war bisher auf nichts anderes bedacht als auf die Führung ihres kleinen Ladens, den die Götter ihr verliehen haben, damit sie in bescheidenem Umfang Gutes tun kann. Sie wird Ihre hohen Gedanken mit Bewunderung anhören.

KIAU Und die Sache mit diesem üblen Subjekt ist wirklich vorüber, ganz aus?

LAO GO Ganz. Freilich, es wird Zeit nehmen, bis sie alles verwunden hat.

KIAU Man wird vorsichtig sein, behutsam.

LAO GO Da sind frische Wunden. Sie wird aufs Land reisen, einige Wochen. Sie wird jedoch froh sein, zuvor alles zu besprechen mit jemand, dem sie vertrauen kann.

KIAU Bei einem kleinen Abendessen,[12] in diskreter Weise.

9 [Hs. Erg.:] daß dieser unüberlegten Gutmütigkeit

10 [Hs. Erg.:] Ich höre, sie zerbricht sich den Kopf, wie sie Obdachlose unterbringen kann. Nun, ich biete ihr meine Häuser hinter dem Viehhof für diesen Zweck an. Sie stehen leer.

11 [Hs. Korr. und Streichung:] Speisung von 4 Menschen jeden Morgen vor ihrer Tür! Warum nicht 400?

12 [Hs. Erg.:] in einem kleinen, aber guten Restaurant

LAO GO Das wird für beide Teile das beste sein. Ich beeile mich, meine Kusine zu verständigen. Gedulden Sie sich ein paar Minuten.

Ab in das Gelaß.

DER BARBIER *aufstehend:* Wie finden Sie das, meine Damen und Herren?[13] Kann man mehr tun?[14] Kann man selbstloser sein? Feinfühliger? Weitblickender? Ein kleines Abendessen! Was denkt man sich[15] dabei gemeinhin Ordinäres und Plumpes dabei[16]. Und nichts davon wird geschehen, nichts. Keine Berührung, nicht einmal eine scheinbar zufällige, beim Reichen des Salznäpfchens! Nur ein Austausch von Ideen wird stattfinden. Zwei Seelen werden sich finden, über den Blumen des Tisches, weißen Chrysanthemen übrigens. *Er notiert sich das.* Nein, hier wird nicht eine unglückliche Lage ausgenutzt, hier wird kein Vorteil aus einer Enttäuschung gezogen. Verständnis und Hilfe wird geboten, aber beinahe lautlos. Nur mit einem Blick wird das vielleicht anerkannt werden, einem Blick, der auch anderes bedeuten kann.

[Druck-Fassung]

SHUI TA *eilt ihm entgegen:* Lieber Herr, vom Hörensagen weiß ich, daß Sie für meine Kusine einiges Interesse angedeutet haben. Lassen Sie mich alle Gebote der Schicklichkeit, die Zurückhaltung fordern, beiseite setzen, denn das Fräulein ist im Augenblick in größter Gefahr.

HERR SHU FU Oh!

SHUI TA Noch vor wenigen Stunden im Besitz eines eigenen Ladens, ist meine Kusine jetzt wenig mehr als eine Bettlerin. Herr Shu Fu, dieser Laden ist ruiniert.

HERR SHU FU Herr Shui Ta, der Zauber Fräulein Shen Tes besteht kaum in der Güte ihres Ladens, sondern in der Güte ihres Herzens. Der Name, den dieses Viertel dem Fräulein verlieh, sagt alles: Der Engel der Vorstädte!

13 [Hs. Korr.:] Wie finden Sie mich, meine Damen und Herren?
14 [Satz gestrichen]
15 [Hs. Erg.:] doch
16 [Wort gestrichen]

SHUI TA Lieber Herr, diese Güte hat meine Kusine an einem einzigen Tage 200 Silberdollar gekostet! Da muß ein Riegel vorgeschoben werden.

HERR SHU FU Gestatten Sie, daß ich eine abweichende Meinung äußere: dieser Güte muß der Riegel erst recht eigentlich geöffnet werden. Es ist die Natur des Fräuleins, Gutes zu tun. Was bedeutet da die Speisung von vier Menschen, die ich sie jeden Morgen mit Rührung vornehmen sehe! Warum darf sie nicht vierhundert speisen? Ich höre, sie zerbricht sich zum Beispiel den Kopf, wie ein paar Obdachlose unterbringen. Meine Häuser hinter dem Viehhof stehen leer. Sie sind zu ihrer Verfügung. Usw. usw. Herr Shui Ta, dürfte ich hoffen, daß solche Ideen, die mir in den letzten Tagen gekommen sind, bei Fräulein Shen Te Gehör finden könnten?

SHUI TA Herr Shu Fu, sie wird so hohe Gedanken mit Bewunderung anhören.

Herein Wang mit dem Polizisten. Herr Shu Fu wendet sich um und studiert die Stellagen.

WANG Ist Fräulein Shen Te hier?

SHUI TA Nein.

WANG Ich bin Wang, der Wasserverkäufer. Sie sind wohl Herr Shui Ta?

SHUI TA Ganz richtig. Guten Tag, Wang.

WANG Ich bin befreundet mit Shen Te.

SHUI TA Ich weiß, daß sie einer ihrer ältesten Freunde sind.

WANG *zum Polizisten:* Sehen Sie? *Zu Shui Ta:* Ich komme wegen meiner Hand.

DER POLIZIST Kaputt ist sie, das ist nicht zu leugnen.

SHUI TA *schnell:* Ich sehe, Sie brauchen eine Schlinge für den Arm. *Er holt aus dem Gelaß einen Shawl und wirft ihn Wang zu.*

WANG Aber das ist doch der neue Shawl!

SHUI TA Sie braucht ihn nicht mehr.

WANG Aber sie hat ihn gekauft, um jemand Bestimmtem zu gefallen.

SHUI TA Das ist nicht mehr nötig, wie es sich herausgestellt hat.

WANG *macht sich eine Schlinge aus dem Shawl:* Sie ist meine einzige Zeugin.

DER POLIZIST Ihre Kusine soll gesehen haben, wie der Barbier Shu Fu mit der Brennschere nach dem Wasserverkäufer geschlagen hat. Wissen Sie davon?

SHUI TA Ich weiß nur, daß meine Kusine selbst nicht zur Stelle war, als der kleine Vorfall sich abspielte.

WANG Das ist ein Mißverständnis! Lassen Sie Shen Te erst dasein, und alles klärt sich auf. Shen Te wird alles bezeugen. Wo ist sie?

SHUI TA *ernst:* Herr Wang, Sie nennen sich einen Freund meiner Kusine. Meine Kusine hat eben jetzt sehr große Sorgen. Sie ist von allen Seiten erschreckend ausgenutzt worden. Sie kann sich in Zukunft nicht mehr die allerkleinste Schwäche leisten. Ich bin überzeugt, Sie werden nicht verlangen, daß sie sich vollends um alles bringt, indem sie in Ihrem Fall anderes als die Wahrheit sagt.

WANG *verwirrt:* Aber ich bin auf ihren Rat zum Richter gegangen.

SHUI TA Sollte der Richter Ihre Hand heilen?

DER POLIZIST Nein. Aber er sollte den Barbier zahlen machen.

Herr Shu Fu dreht sich um.

SHUI TA Herr Wang, es ist eines meiner Prinzipien, mich nicht in einen Streit zwischen meinen Freunden zu mischen.

Shui Ta verbeugt sich vor Herrn Shu Fu, der sich zurückverbeugt.

WANG *die Schlinge wieder abnehmend und sie zurücklegend, traurig:* Ich verstehe.

DER POLIZIST Worauf ich wohl wieder gehen kann. Du bist mit deinem Schwindel an den Unrechten gekommen, nämlich an einen ordentlichen Mann. Sei das nächste Mal ein wenig vorsichtiger mit deinen Anklagen, Kerl. Wenn Herr Shu Fu nicht Gnade vor Recht ergehen läßt, kannst du noch wegen Ehrabschneidung ins Kittchen kommen. Ab jetzt!

Beide ab.

SHUI TA Ich bitte, den Vorgang zu entschuldigen.

HERR SHU FU Er ist entschuldigt. *Dringend:* Und die Sache mit diesem »bestimmten jemand« – *er zeigt auf den Shawl* – ist wirklich vorüber? Ganz aus?

SHUI TA Ganz. Er ist durchschaut. Freilich, es wird Zeit nehmen, bis alles verwunden ist.

HERR SHU FU Man wird vorsichtig sein, behutsam.

SHUI TA Da sind frische Wunden.

HERR SHU FU Sie wird aufs Land reisen.

SHUI TA Einige Wochen. Sie wird jedoch froh sein, zuvor alles besprechen zu können mit jemand, dem sie vertrauen kann.

HERR SHU FU Bei einem kleinen Abendessen, in einem kleinen, aber guten Restaurant.

SHUI TA In diskreter Weise. Ich beeile mich, meine Kusine zu verständigen. Sie wird sich vernünftig zeigen. Sie ist in großer Unruhe wegen ihres Ladens, den sie als Geschenk der Götter betrachtet. Gedulden Sie sich ein paar Minuten. *Ab in das Gelaß.*

DIE SHIN *steckt den Kopf herein:* Kann man gratulieren?

HERR SHU FU Man kann. Frau Shin, richten Sie heute noch Fräulein Shen Tes Schützlingen von mir aus, daß ich ihnen in meinen Häusern hinter dem Viehhof Unterkunft gewähre.
Sie nickt grinsend.

HERR SHU FU *aufstehend, zum Publikum:* Wie finden Sie mich, meine Damen und Herren? Kann man mehr tun? Kann man selbstloser sein? Feinfühliger? Weitblickender? Ein kleines Abendessen! Was denkt man sich doch dabei gemeinhin Ordinäres und Plumpes! Und nichts wird davon geschehn, nichts. Keine Berührung, nicht einmal eine scheinbar zufällige, beim Reichen des Salznäpfchens! Nur ein Austausch von Ideen wird stattfinden. Zwei Seelen werden sich finden, über den Blumen des Tisches, weiße Chrysanthemen übrigens. *Er notiert sich das.* Nein, hier wird nicht eine unglückliche Lage ausgenutzt, hier wird kein Vorteil aus einer Enttäuschung gezogen. Verständnis und Hilfe wird geboten, aber beinahe lautlos. Nur mit einem Blick wird das vielleicht anerkannt werden, einem Blick, der auch mehr bedeuten kann.

DIE SHIN So ist alles nach Wunsch gegangen, Herr Shu Fu?

HERR SHU FU Oh, ganz nach Wunsch! Es wird vermutlich Veränderungen in dieser Gegend geben. Ein gewisses Subjekt hat den Laufpaß bekommen, und einige Anschläge auf diesen Laden werden zu Fall gebracht werden. Gewisse Leute, die sich nicht entblöden, dem Ruf des keuschesten

Mädchens dieser Stadt zu nahe zu treten, werden es in Zukunft mit mir zu tun bekommen. Was wissen Sie von diesem Yang Sun?

DIE SHIN Er ist der schmutzigste, faulste . . .

HERR SHU FU Er ist nichts. Es gibt ihn nicht. Er ist nicht vorhanden.

ZWEI FASSUNGEN VOM SCHLUSS DER ZEHNTEN SZENE

[Fassung 160/118 ff.]

Es tritt eine plötzliche Stille ein.

LAO GO *ist auf seinen Stuhl gesunken:* Ich kann nicht mehr. Ich will alles aufklären. Wenn der Saal geräumt wird und nur die Richter zurückbleiben, will ich ein Geständnis machen.

ALLE Er gesteht! Er ist überführt!

DER ERSTE GOTT[1] Der Saal soll geräumt werden.

Der Inspektor räumt den Saal.[2]

DER ERSTE GOTT So gestehe!

LAO GO Sind sie draußen? Alle? Ich kann nicht mehr schweigen. Ich habe euch erkannt, Erleuchtete.

DER ZWEITE GOTT Was hast du mit unserm guten Menschen von Sezuan gemacht?

LAO GO Dann laßt mich auch die furchtbare Wahrheit gestehen: Ich bin euer guter Mensch! *Er nimmt die Maske ab und reißt sich die Kleider weg. Li Gung steht da.*

DER ZWEITE GOTT Li Gung!

LI GUNG Ja, ich bin es. Lao Go und Li Gung, ich bin beides.
Euer einstiger Befehl
Gut zu sein und doch zu leben
Zerriß mich wie ein Blitz in zwei Hälften. Ich
Weiß nicht, wie es kam; gut sein zu andern
Und zu mir konnte ich nicht zugleich.
Andern und mir zu helfen, war mir zu schwer.

1 [Hs. Erg.:] *schlägt mit dem Hammer auf den Tisch*
2 [Hs. Erg.:] DIE SCHIN *im Abgehen:* Man wird sich wundern.

Ach, eure Welt ist schwierig! Zu viel Not, zu viel Verzweiflung!
Die Hand, die dem Elenden gereicht wird
Reißt er einem gleich aus! Wer den Verlorenen hilft
Ist selbst verloren! Denn wer könnte
Lang sich weigern, böse zu sein, wenn da stirbt, wer kein Fleisch ißt?
Aus was sollte ich nehmen, was alles gebraucht wurde? Nur
Aus mir! Aber dann kam ich um! Der Ballen eurer Vorschriften[3]
Drückte mich in die Erde. Doch wenn ich Unrecht tat
Ging ich lustig[4] herum und aß vom guten Fleisch!
Etwas muß falsch sein an eurer Welt. Warum
Ist auf die Bosheit ein Preis gesetzt und warum erwarten den Guten
So harte Strafen? Ach, in mir war
Solch eine Gier, mich zu verwöhnen! Und da war auch
In mir ein heimliches Wissen, denn meine Ziehmutter
Wusch mich mit Gossenwasser. Davon kriegte ich
Ein scharfes Aug. Jedoch Mitleid
Schmerzte mich so, daß ich gleich in wölfischen Zorn verfiel
Angesichts des Elends. Dann
Fühlte ich, wie ich mich verwandelte und
Mir die Lippe zur Lefze wurd. Wie Asche im Mund
Schmeckte das gütige Wort. Und doch
Wollte ich gern ein Engel sein in[5] den Vorstädten. Zu schenken
Ist[6] mir eine Wollust. Ein glückliches Gesicht
Und ich ging wie auf Wolken.
Verdammt mich: alles, was ich verbrach
Tat ich, meinen Nachbarn zu helfen
Meinen Geliebten zu lieben und
Seinen kleinen Sohn vor dem Mangel zu retten.
Für eure großen Pläne, ihr Götter
War ich armer Mensch zu klein.

DER ERSTE GOTT *mit allen Zeichen des Entsetzens:* Sprich

3 [Hs. Korr.:] Die Last der guten Vorsätze
4 [Hs. Korr.:] mächtig
5 [Wort gestrichen]
6 [Hs. Korr.:] war

nicht weiter, Unglückliche! Was sollen wir denken, wir, die so froh sind, dich wiedergefunden zu haben!

LI GUNG Aber ich muß euch doch sagen, daß ich der böse Mensch bin, von dem alle hier diese Untaten berichtet haben!

DER ERSTE GOTT Der gute Mensch, von dem alle nur Gutes berichtet haben!

LI GUNG Nein, auch der böse!

DER ERSTE GOTT Ein Mißverständnis! Einige unglückliche Vorkommnisse! Ein paar Nachbarn ohne Herz! Etwas Übereifer!

DER ZWEITE GOTT Aber wie soll sie weiterleben?[7]

DER ZWEITE GOTT Hast[8] du nicht gehört, was sie sagt?

DER ERSTE GOTT *heftig:* Verwirrtes, sehr Verwirrtes! Unglaubliches, sehr Unglaubliches! Sollen wir eingestehen, daß unsere Gebote tödlich sind? Sollen wir verzichten auf unsere Gebote? *Verbissen:* Niemals! Soll die Welt geändert werden? Wie? Von wem? Nein, es ist alles in Ordnung![9]
Und nun *Auf ein Zeichen von ihm ertönt Musik. Eine rosige Helle entsteht.*
Laßt uns zurückkehren. Diese kleine Welt
Hat uns sehr interessiert[10]. Ihr Freud und Leid
Hat uns erquickt und uns geschmerzt. Doch gern[11]
Gedenken wir dort über den Gestirnen
Deiner, Li Gung, des guten Menschen, wohl[12].
Die du von unserm Geist hier unten zeugst
In kalter Finsternis die kleine Lampe trägst.
Leb wohl, mach's gut!
Auf ein Zeichen von ihm öffnet sich die Decke. Eine rosa Wolke läßt sich hernieder. Auf ihr erheben sich die Götter langsam zum Himmel.[13]

LI GUNG O nicht doch, Erleuchtete! Fahrt nicht weg! Verlaßt mich nicht! Wie soll ich den beiden guten Alten in die

7 [Hs. Erg.:] DER ERSTE GOTT: Sie kann es. Sie ist eine kräftige Person und wohlgestaltet und kann viel aushalten.
8 [Hs. Erg.:] Aber hast
9 [Hs. Erg.:] *Er schlägt schnell mit dem Hammer auf den Tisch.*
10 [Hs. Korr.:] gefesselt
11 [Hs. Korr.:] Jedoch
12 [Hs. Korr.:] gern
13 [Hs. Korr.:] *Auf ihr fahren die Götter sehr langsam nach oben.*

Augen schauen, die ihren Laden verloren haben, und dem Wasserverkäufer mit der steifen Hand? Und wie soll ich mich des Barbiers erwehren, den ich nicht liebe, und wie Schans, den ich liebe? Und mein Leib ist gesegnet, bald ist mein kleiner Sohn da und will essen? Ich kann nicht hier bleiben![14]

DER ERSTE GOTT Du kannst es. Sei nur gut, und alles wird gut werden!

Herein die Zeugen. Sie sehen mit Verwunderung die Richter auf ihrer rosa Wolke schweben.

SUN Bezeugt euren Respekt! Die Götter sind unter uns erschienen! Drei der höchsten Götter sind nach Sezuan gekommen, einen guten Menschen zu suchen. Sie hatten ihn schon gefunden, aber ...

DER ERSTE GOTT Kein Aber! Hier ist er!

ALLE Li Gung!

DER ERSTE GOTT Sie ist nicht umgekommen, sie war nur verborgen. Sie wird unter euch bleiben, ein guter Mensch!

LI GUNG Aber ich brauche den Vetter!

DER ERSTE GOTT[15] Aber nicht zu oft!

LI GUNG Jede Woche zumindest!

DER ERSTE GOTT Jeden Monat, das genügt!
Doch laßt uns eilen, da dies nun vorbei!
Bevor das Volk sich sammelt, fahren schnell hinan![16]
Gepriesen sei, gepriesen sei
Der gute Mensch von Sezuan!

Während Li Gung verzweifelt und gehetzt nach der Tür schaut, durch welche ihre Peiniger bald eintreten werden[17]*, verschwinden sie oben, lächelnd und winkend.*

[Alternative]

DER ERSTE GOTT Jeden Monat, das genügt!

LI GUNG Oh, entfernt euch nicht, Erleuchtete!
Ich habe noch nicht alles gesagt! Ich brauche euch dringend!

14 [Hs. Erg.:] *Sie blickt gehetzt nach der Tür, durch die ihre Peiniger treten werden.*

15 [Hs. Erg., später gestrichen:] *entschwebend*

16 [Hs. Streichung, Vers lautet jetzt:] Uns fahren schnell hinan

17 [Hs. Korr. u. Streichung:] *Während Li Gung verzweifelt die Arme nach ihnen ausbreitet*

Die Götter singen das »Terzett der entschwindenden Götter auf der Wolke«.

Lied der entschwindenden Götter auf der Wolke

Allzu scharf aufs Korn genommen
Schwindet hin der schöne Fund
Allzunahe euch zu kommen
Ist uns Göttern nicht gesund.[18]
Eure Körper werfen Schatten
In der Flut des goldnen Lichts
Drum müßt ihr uns schon gestatten
Heimzugehn in unser Nichts.

LI GUNG Hilfe! Hilfe!

DIE GÖTTER Und laßt uns eilen, da dies nun vorbei!

[Druck-Fassung]

Es tritt eine plötzliche Stille ein.

SHUI TA *ist auf seinen Stuhl gesunken:* Ich kann nicht mehr. Ich will alles aufklären. Wenn der Saal geräumt wird und nur die Richter zurückbleiben, will ich ein Geständnis machen.

ALLE Er gesteht! – Er ist überführt!

DER ERSTE GOTT *schlägt mit dem Hammer auf den Tisch:* Der Saal soll geräumt werden.
Der Polizist räumt den Saal.

DIE SHIN *im Abgehen, lachend:* Man wird sich wundern.

SHUI TA Sind sie draußen? Alle? Ich kann nicht mehr schweigen. Ich habe euch erkannt, Erleuchtete!

DER ZWEITE GOTT Was hast du mit unserem guten Menschen von Sezuan gemacht?

SHUI TA Dann laßt mich Euch die furchtbare Wahrheit gestehen: ich bin euer guter Mensch!

18 [Hs. Korr. aller vier Verse:]
Leider können wir nicht bleiben
Mehr als eine flüchtge Stund
Nah besehn, ihn zu beschreiben
Schwindet hin der schöne Fund.

Er nimmt die Maske ab und reißt sich die Kleider weg. Shen Te steht da.

DER ZWEITE GOTT Shen Te!

SHEN TE Ja, ich bin es. Shui Ta und Shen Te, ich bin beides.
Euer einstiger Befehl
Gut zu sein und doch zu leben
Zerriß mich wie ein Blitz in zwei Hälften. Ich
Weiß nicht, wie es kam: gut sein zu andern
Und zu mir konnte ich nicht zugleich.
Andern und mir zu helfen, war mir zu schwer.
Ach, eure Welt ist schwierig! Zu viel Not, zu viel Verzweiflung!
Die Hand, die dem Elenden gereicht wird
Reißt er einem gleich aus! Wer den Verlorenen hilft
Ist selbst verloren! Denn wer könnte
Lang sich weigern, böse zu sein, wenn da stirbt, wer kein Fleisch ißt?
Aus was sollte ich nehmen, was alles gebraucht wurde? Nur
Aus mir: Aber dann kam ich um! Die Last der guten Vorsätze
Drückte mich in die Erde. Doch wenn ich Unrecht tat
Ging ich mächtig herum und aß vom guten Fleisch!
Etwas muß falsch sein an eurer Welt. Warum
Ist auf die Bosheit ein Preis gesetzt und warum erwarten den Guten
So harte Strafen? Ach, in mir war
Solch eine Gier, mich zu verwöhnen! Und da war auch
In mir ein heimliches Wissen, denn meine Ziehmutter
Wusch mich mit Gossenwasser. Davon kriegte ich
Ein scharfes Aug. Jedoch Mitleid
Schmerzte mich so, daß ich gleich in wölfischen Zorn verfiel
Angesichts des Elends. Dann
Fühlte ich, wie ich mich verwandelte und
Mir die Lippe zur Lefze wurd. Wie Asche im Mund
Schmeckte das gütige Wort. Und doch
Wollte ich gern ein Engel sein den Vorstädten. Zu schenken
War mir eine Wollust. Ein glückliches Gesicht
Und ich ging wie auf Wolken.
Verdammt mich: alles, was ich verbrach
Tat ich, meinen Nachbarn zu helfen

Meinen Geliebten zu lieben und
Meinen kleinen Sohn vor dem Mangel zu retten.
Für eure großen Pläne, ihr Götter
War ich armer Mensch zu klein.

DER ERSTE GOTT *mit allen Zeichen des Entsetzens:* Sprich nicht weiter, Unglückliche! Was sollen wir denken, die so froh sind, dich wiedergefunden zu haben!

SHEN TE Aber ich muß euch doch sagen, daß ich der böse Mensch bin, von dem alle hier diese Untaten berichtet haben!

DER ERSTE GOTT Der gute Mensch, von dem alle nur Gutes berichtet haben!

SHEN TE Nein, auch der böse!

DER ERSTE GOTT Ein Mißverständnis! Einige unglückliche Vorkommnisse! Ein paar Nachbarn ohne Herz! Etwas Übereifer!

DER ZWEITE GOTT Aber wie soll sie weiterleben!

DER ERSTE GOTT Sie kann es. Sie ist eine kräftige Person und wohlgestaltet und kann viel aushalten.

DER ZWEITE GOTT Aber hast du nicht gehört, was sie sagt?

DER ERSTE GOTT *heftig:* Verwirrtes, sehr Verwirrtes! Unglaubliches, sehr Unglaubliches! Sollen wir eingestehen, daß unsere Gebote tödlich sind? Sollen wir verzichten auf unsere Gebote? *Verbissen:* Niemals! Soll die Welt geändert werden? Wie? Von wem? Nein, es ist alles in Ordnung! *Er schlägt schnell mit dem Hammer auf den Tisch.*
und nun – *auf ein Zeichen von ihm ertönt Musik. Eine rosige Helle entsteht –*
Laßt uns zurückkehren. Diese kleine Welt
Hat uns sehr gefesselt. Ihr Freud und Leid
Hat uns erquickt und uns geschmerzt. Jedoch
Gedenken wir dort über den Gestirnen
Deiner, Shen Te, des guten Menschen, gern
Die du von unserm Geist hier unten zeugst
In kalter Finsternis die kleine Lampe trägst
Leb wohl, mach's gut!
Auf ein Zeichen von ihm öffnet sich die Decke. Eine rosa Wolke läßt sich hernieder. Auf ihr fahren die Götter sehr langsam nach oben.

SHEN TE Oh, nicht doch, Erleuchtete! Fahrt nicht weg! Verlaßt mich nicht. Wie soll ich den beiden guten Alten in die Augen schauen, die ihren Laden verloren haben, und dem Wasserverkäufer mit der steifen Hand? Und wie soll ich mich des Barbiers erwehren, den ich nicht liebe, und wie Suns, den ich liebe? Und mein Leib ist gesegnet, bald ist mein kleiner Sohn da und will essen? Ich kann nicht hier bleiben!

Sie blickt gehetzt nach der Tür, durch die ihre Peiniger eintreten werden.

DER ERSTE GOTT Du kannst es. Sei nur gut, und alles wird gut werden!

Herein die Zeugen, sie sehen mit Verwunderung die Richter auf ihrer rosa Wolke schweben.

WANG Bezeugt euren Respekt! Die Götter sind unter uns erschienen! Drei der höchsten Götter sind nach Sezuan gekommen, einen guten Menschen zu suchen. Sie hatten ihn schon gefunden, aber ...

DER ERSTE GOTT Kein Aber! Hier ist er!

ALLE Shen Te!

DER ERSTE GOTT Sie ist nicht umgekommen, sie war nur verborgen. Sie wird unter euch bleiben, ein guter Mensch!

SHEN TE Aber ich brauche den Vetter!

DER ERSTE GOTT Nicht zu oft!

SHEN TE Jede Woche zumindest!

DER ERSTE GOTT Jeden Monat, das genügt!

SHEN TE Oh, entfernt euch nicht, Erleuchtete! Ich habe noch nicht alles gesagt! Ich brauche euch dringend!

DIE GÖTTER *singen das »Terzett der entschwindenden Götter auf der Wolke«:*

Leider können wir nicht bleiben
Mehr als eine flüchtige Stund!
Lang besehn, ihn zu beschreiben
Schwände hin der schöne Fund.

Eure Körper werfen Schatten
In der Flut des goldnen Lichts
Drum müßt ihr uns schon gestatten
Heimzugehen in unser Nichts.

SHEN TE Hilfe!

DIE GÖTTER

Und lasset, da die Suche nun vorbei
Uns fahren schnell hinan!
Gepriesen sei, gepriesen sei
Der gute Mensch von Sezuan!

Während Shen Te verzweifelt die Arme nach ihnen ausstreckt, verschwinden sie oben, lächelnd und winkend.

Arbeitsnotizen und Bruchstücke

ELEMENTE DES ›GUTEN MENSCHEN VON SEZUAN‹

Die Untersuchungskommission der Götter 0, 10

Des Menschen einziger Freund: Er selbst. Die Doppelrolle 4a

Der Gute handelt die Sache; der Böse handelt die Sache 1, 2 / 4, 5 / 5, 6 / 7 / 8

Damit Gutes geschehe, muß Böses geschehen. 1, 2 / 4, 5 / 5, 6 / 7 / 8

»Der Vetter« soll immer nur für kurz, nur noch einmal kommen, und am Schluß ist nur er mehr da. 1, 4, 7

Die Götter finden keinen guten Menschen, keinen besseren als diesen 9, 10

Die Kenntnis Lao Gos von Schans Schlechtigkeit kuriert Li Gung nicht von ihrer Liebe zu ihm 5

Der Weg der kleinen Leute: nur hinauf oder hinunter 10

Der Prozeß des guten Menschen: ein Prozeß der Götter 10

SZENISCHE ELEMENTE DES ›GUTEN MENSCHEN VON SEZUAN‹

Schwierigkeiten eines Gläubigen, seinen Göttern Genugtuung zu verschaffen 0

Schneller Verfall einer Existenz durch Güte 1

Schneller Wiederaufbau einer Existenz durch Härte 2

Der Gute, einen Helfer suchend, findet einen, dem er helfen kann 3

DIE GUTEN TATEN DER LI GUNG

(1) Beherbergung einer Familie
(3) Rettung eines Verzweifelten
(4) Falsches Zeugnis für einen Geschädigten
(5) Vertrauen in den Geliebten
(6) Vertrauen wird nicht enttäuscht
(7) Bürgschaft für die Aufstrebenden
(8) Alles für das Kind

DIE UNTATEN DES LAO GO

(2) Auslieferung einer Familie ins Gefängnis
(4) Diskreditierung des Geschädigten
(5) Preisgabe der Bürgen
(6) Planung einer »Vernunftheirat«
(7) Erschleichung eines billigen Lokals
(8) Ausbeutung von Kindern
(9) Ausbeutung des Geliebten (Die Tabakkönigin)

SCHLECHT IST

jemanden				
töten	(8)	die Kinder		
erpressen	(7)	Schan		
mißbrauchen	(5)	die Alten	(9)	Schan
enttäuschen	(5)	die Alten	(5)	Sun
ruinieren	(2)	die Familie	(7)	den Schreiner, die Alten
zu Schlechtem verleiten	(2)	die Familie		
ausbeuten	(8)	alle Hilflosen		
unterdrücken	(9)	Schan		
belügen				
mit Mißtrauen behandeln	(9)	Sun		
verachten	(5)	Schan		
verwirren	(5)	Sun		
unproduktiv machen	(7)	Schreiner	(8)	Schan
verschlechtern				
sich				
verkümmern lassen	(5)			

NOTIZEN

Die Hitzigkeit der Li Gung.
Sie geht leicht zu weit. Sodom.
»Wer übers Ziel hinausschießt, trifft auch nicht das Ziel.«

Die Existenzangst des Lao Go

Sie verschweigt die Wahrheit – aus Freundlichkeit und weil sie annimmt, sie weiß sie doch nicht so genau.

Immer noch steht in 9 die Milch vor dem Laden.

Auch Lao Go lügt, und das nützt ja sehr. Auch er ist unbeherrscht.

[ZITATE]

Der Edle spiegelt sich nicht im Wasser, sondern er spiegelt sich im Menschen.

Die Götter

Wenn die Lippen fehlen, werden die Zähne kalt.

Lao Go

Generosität schließt das eigene Selbst nicht aus.

Lao Go

Damit man nicht sagt: Himmel und Erde sind nicht gütig und betrachten die Geschöpfe wie Strohhunde.

Sun

Ein Wunsch, den man wünscht, wenn man in einer Zwangslage ist, ist kein Wunsch.

Li Gung

SEZUANSTÜCK

(2) + (4)
Auch der böse Vetter kann nichts ausrichten, wo das Kapital fehlt. Er sieht hilflos um sich, bereit zu allem, fähig zu wenigem, geschenkt wird ihm nichts, er ist zu tüchtig (»warum bellen für ihn, sagen sie, er ist selber ein Hund«). Aber da sind gute Leute; wenn seine Bosheit versagt, hilft ihre Güte. Sie geben Li Gung.

(4)
Li Gung wünscht, daß die Götter es dem Teppichhändlerpaar vergelten möchten. Es stellt sich heraus, daß sie nicht an die Götter glauben. Sie sind höflich, sehen sich lächelnd an, wollen nicht verletzen. Li Gung hat die Götter gesehen (»hier standen sie, dieser Laden ist ihr Geschenk«); die Alten lächeln.

(2a)

Der eine Gott ist sehr lang, damit er viel übersehen kann. Der zweite ist sehr schwer, so kommt er nicht gut vom Boden hoch und denkt ungern an die Rückreise. Auch sieht er immer noch Möglichkeiten der Untersuchung (weil faul).

(4)

Bei einem Streit über den Ruf Li Gungs (und Schan) wird Sun die Hand zerbrochen. Auftritt Li Gung und berichtet von ihrem Liebesglück. Sie erschrickt, wenn sie bemerkt, daß sie, beschäftigt mit sich, Suns Unglück nicht erkannt hat. Sie ruft alle zu Zeugen an, ohne Erfolg. Sie bietet ihr eigenes Zeugnis an. (Sun hat über den Grund des Streites gelogen.) Er läuft glücklich weg, zum Richter statt zum Arzt. Nun kommt Schans Mutter, die den Strick zeigt, den sie ihrem Sohn eben weggenommen hat. Er benötigt 400 Yen, er hat einen Brief aus Peking erhalten, da ist eine letzte Chance. Die beiden Alten bieten ihr ein Darlehen auf den Laden an. Sie bedankt sich, es wird über die Götter gesprochen, die Alten verlassen sich lieber auf den guten Menschen als auf die Götter. Dann stellt es sich heraus, daß, was sie leihen können, zu wenig ist. Der Herr Vetter muß kommen.
Die Szene eröffnet mit der Tschuang-tsi-Lektüre Suns und seinem Gespräch mit dem Barbier.

(2)

Dem Vetter bleibt nichts übrig als die Heirat mit wohlsituiertem Herrn.

(8)

Die Kinder, welche die Tabaksäcke schleppen. Das feuchte Lokal des Barbiers, zu schlecht für die Waren, gut genug für die Menschen.

[NOTIZEN FÜR EINE UMARBEITUNG]

1 (Seite 8)

Da Chen-Te der Hausbesitzerin keine Referenzen angeben kann, soll sie plötzlich die Miete für ein halbes Jahr voraus-

bezahlen. Chen-Te verweist auf ihren Vetter, der verhandeln wird für sie.
Die unglückliche Familie bringt einige Säcke mit, die sie angeblich aus dem Schiffbruch gerettet hat. Es werden jedoch einige Andeutungen gemacht, daß die Familie in Schwierigkeiten mit der Polizei gekommen ist und darum flüchten mußte ...
8, 9.

2 (Seite 15)
Wenn die Familie verhaftet ist, untersucht der Vetter die Säcke, die sie zurückließ. Er zeigt sie dem Publikum: sie enthalten Opium. (Opium zu verkaufen ist in der Provinz Sezuan verboten!)
Wenn die Hausbesitzerin gegangen ist, beginnt der Vetter bei dem Polizisten auf den Busch zu klopfen, ob man die Protektion der Polizei für illegalen Opiumverkauf bekommen könnte ... Die Antwort ist ja, jedoch wagt sich der Vetter dann nicht weiter vor, und der Polizist rät zu einer Vernunftheirat.
19, 21

3 (Seite 23)
Sun deutet seine finanziellen Schwierigkeiten an, und Chen-Te bestellt ihn in ihren Laden. Dort wird ihr Vetter anwesend sein, der wird ihm helfen können.
(Der Schluß von 4 kommt als Schluß von 3. Anstelle zur Mutter Suns spricht Chen-Te zum Wasserverkäufer.)
26

4 (Seite 30)
gestrichen.

5 (Seite 37)
Der Vetter sagt der Hausbesitzerin, daß Frl. Chen-Te nicht beabsichtigt, den Laden zu halten. Er bietet ihr, zusammen mit dem Flieger Sun, die Vorräte zum Verkauf an. Der Erlös ist zu klein für Sun, und so zeigt ihm der Vetter die Säcke mit dem Opium. Das wird er verkaufen, und Sun wird die Stelle erwerben können.

Wenn am Schluß Sun wieder der Chen-Te begegnet, sagt er frech zu ihr: »Dein Vetter muß dir Äußerungen von mir zugetragen haben, die ich im Zorn gemacht habe. Kannst du, mir in die Augen blickend, glauben, daß ich dich nicht auch ohne Geld liebe?«
37, 38, 39

5a (Seite 46)
Anstelle der Erzählung von der alten Frau begegnet Chen-Te auf dem Weg zur Hochzeit jener Nichte aus der achtköpfigen Familie und sieht, wie sie im Opiumrausch ist. Sie ist sehr froh, daß das Opium nicht verkauft werden mußte, da ja Sun sie auch ohne das Geld für die Stellung nimmt.

6 (Seite 47)
Sun sagt seiner Mutter, daß er das Geld ohne Schwierigkeit vom Vetter bekommen kann. Notfalls wird er ihn erpressen. Er hat bereits nach dem Vetter geschickt.
Sie spricht anstatt von den beiden Alten von der Schlechtigkeit, Opium zu verkaufen. (Es gehört ihr übrigens gar nicht ...)

7 (Seite 55)
Der Barbier hat gehört, daß sie ihren Laden verkaufen muß, weil sie mit der Miete Schwierigkeiten hat. Er räumt ihr nahezu unbegrenzten Kredit ein.
Die Häupter der Familie kommen aus dem Gefängnis zurück. Sie wollen ihre Säcke wieder haben. Am Abend werden sie zurückkommen.
Die Szene schließt unten auf Seite 59 mit dem Weggehen der Chen-Te. Vielleicht kommen auch noch die Leute in den Hof, jedenfalls erscheint der Vetter *nicht* mehr.

8 (Seite 63)
gestrichen.

9 (Seite 66a)
Der Vetter ist sehr reich geworden. Chen-Te ist verschwunden. Mitunter kommen die Häupter der achtköpfigen Familie (anstelle der alten Frau), nach Chen-Te und ihren Säcken

zu fragen. Sie deuten an, sie wüßten, woher Schui-Tas Reichtum stammt. Jedoch können sie nicht zu Gericht gehen.
Sun, der Prokurist, weiß auch von der alten Geschichte mit den Säcken, die jedoch längst nicht mehr beweisbar ist. Das Geschäft ist jetzt blühend. Es ist ein toller Opiumhandel.

[URSPRÜNGLICH VORGESEHENE MOTTI]

Die Welt hat einen ernsten Fehler: Den Schlechten geht es auf ihr gut, den Guten schlecht. Alle Götter sind darüber beunruhigt; denn auch ihr Zustand ist der Moral abträglich.

»Zur Praktizierung von Tugend ist ein gewisses Maß von Komfort nötig.«

Thomas von Aquino

[GESTRICHENE REDE DER LI-GUNG]

Die große Rede der Li Gung über die Strafe, welche die Götter auf das Nichtessen des Fleisches gesetzt haben

Die Kämpfe um das Essen
Zeitigten schreckliche Verbrechen. Der Bruder
Trieb die Schwester vom Tisch weg. Die Ehepaare
Rissen sich die Teller aus den Händen. Für ein Stück Fleisch
Verriet der Sohn die Mutter. So kam eine Sekte auf
Die das Heil erwartete vom Fasten. Es hieß
Nur der Verzichtende könne ein Mensch bleiben. Es sinke
Unaufhaltsam zum Tier herab, der zu essen begehrt. Eine Zeitlang
Sahen die besten auf die Güter des Universums
Wie auf vergifteten Unrat. Aber da griffen die Götter ein.
Erzürnt, daß ihre Gaben verachtet wurden, setzten sie die Todesstrafe
Auf die Entsagung. Man sah
Wie die nicht aßen zusammenschrumpften und häßlich wurden

Und es starb, der nicht Fleisch aß. Um der schrecklichen
Krankheit zu entgehen
Stürzten sich die Menschen um so gieriger auf das Essen.
Die Verbrechen nahmen zu.

Fabelerzählungen

[FRAGMENT EINER FABELERZÄHLUNG]

Als aber der Mangel immer mehr wuchs und nahm überhand das Geschrei aller Kreatur, entstand eine Unruhe unter den Göttern. Denn es waren der Klagen viele, daß da keine Gottesfurcht mehr sei, wo der Mangel zu groß ist. Und sie sagten: So wir die Welt änderten, die mit Mühe erschaffen ist, entstünde eine große Unordnung. Wenn wir also solche finden, die standhaft sind im Mangel und unsere Gebote halten im Elend, soll die Welt bleiben, wie sie ist und da keine Unordnung sein.
Es machten sich aber auf drei der obersten unter ihnen, zu suchen Gottesfürchtige, daß sie sie fänden, ihre Gebote halten und widerstehen im Mangel.
Und sie kamen in die Stadt Sezuan und fanden dort einen Wasserverkäufer, der gottesfürchtig war, und er ging herum, für sie Obdach zu suchen. Und er lief herum für sie in der Stadt einen ganzen Tag, und er fand kein Obdach.
Und sagte: »Ich habe gedacht, daß es leicht sei, denn sie gehören zu den obersten der Götter, und es ist nur für eine Nacht. Aber es gibt kein Haus, das ihnen Obdach böte in Sezuan.«
Und er kam zu ihnen zurück und vertröstete sie und ging wieder und kehrte sich an ein Mädchen, das er kannte, mit Namen [LI GUNG] um Obdach.
Und sie sahen, daß sein Maßbecher, aus dem er Wasser verkaufte, einen zwiefachen Boden hatte.

ZEITUNGSBERICHT

Aus der Provinz Sezuan wird eine merkwürdige Geschichte berichtet. Ein Tabakfabrikant der Hauptstadt, Herr Lao Go, stand vor Gericht unter der Anklage, seine Cousine, ein Fräulein Li Gung, ermordet zu haben. Dieses Fräulein Li

Gung erfreute sich, wie die Zeugenvernehmungen ergaben, bei dem niedrigen Volk der Vorstädte des Rufs eines »guten Menschen«. Sie brachte es sogar zu dem romantischen Titel »der Engel der Vorstädte«. Ursprünglich ein einfaches Straßenmädchen, kam sie, angeblich durch ein Geschenk der Götter, in den Besitz eines kleinen Kapitals. Sie kaufte sich einen Tabakladen, den sie aber auf eine so selbstlose Art führte, daß er schon nach wenigen Tagen vor dem Ruin stand. Sie fütterte in dem übervölkerten und sehr armen Viertel eine Reihe von Leuten mit durch und zeigte sich sogar ganz außerstande, einer neunköpfigen Familie, die sie kaum kannte, in ihrem winzigen Laden das Asyl zu verweigern. Kurz vor der Katastrophe erschien jedoch ein junger Mann, stellte sich den mannigfachen Schmarotzern als Vetter des Fräulein Li Gung vor und brachte die verworrenen Geschäfte durch scharfes Zugreifen halbwegs wieder in Ordnung. Ein bestimmter Vorfall beleuchtet sein Vorgehen. Die Familie schickte einen Halbwüchsigen aus, um Milchflaschen von den Türschwellen der Nachbarn zu stehlen. Der Vetter erhob keinerlei Einspruch, rief jedoch dann einen Polizisten in den Laden und unterhielt sich so lange mit ihm, bis der Junge mit der gestohlenen Milch zurückkehrte. Die Gäste wurden sogleich auf die Wache gebracht, und Fräulein Li Gung war sie los. Das Fräulein selbst hielt sich, während der Vetter das Geschäft rettete, abseits.
Als sie wieder zurückkam und der Vetter, Herr Lao Go, sich entfernt hatte, nahm sie ihre Mildtätigkeit nur noch in sehr vermindertem Umfang wieder auf. Sie trat jedoch dafür in intime Beziehungen zu einem stellungslosen Postflieger, einem gewissen Yü Schan, den sie, wie man im Viertel sich zuraunte, vor einem Selbstmordversuch bewahrt hatte. Ihr Wunsch, ihm durch ein Darlehen zu einer Stellung als Postflieger in Peking zu verhelfen, scheiterte allerdings, da ihr Laden doch nicht die Goldgrube war, als die solche kleinen Geschäfte gemeinhin vom Publikum angesehen werden. Die von wenigen humanitären Rücksichten behinderten Methoden des sogenannten »Tabakkönigs von Sezuan«, Herrn Feh Pungs, bedrohten auch ihren Laden. Als in ihrer unmittelbaren Nähe einer der Kettenläden des Herrn Feh Pung eröffnet wurde, in dem man den Tabak zu halbem Preis kaufte, rief

sie auf allgemeinen Rat ihren Vetter wieder zu Hilfe. Dieser wußte tatsächlich ...[1]

Schon bei seinem ersten Besuch hatte er ihnen verheimlicht, daß der Laden am allerersten Tag von Feh Pung verwarnt worden war; nur so war er in ihren Verein zur gegenseitigen Unterstützung aufgenommen worden. Nun nahm er ihren Tabak an, der ihn instand setzen sollte, auszuhalten, verhandelte aber gleichzeitig mit Feh Pung und veranlaßte den Tabakkönig zu einem Sonderangebot für den Laden auf Kosten der anderen. Jedoch zögerte er, den Wunsch seiner Cousine zu erfüllen, ihrem Liebhaber Yü Schan die gewünschte Stellung zu kaufen, was ihm durch den Verkauf des Ladens möglich gewesen wäre. Dieser Yü Schan ließ ihm gegenüber anscheinend allzu unverblümt seine Spekulation auf Li Gungs Geld durchblicken. Anstatt Yü Schan entgegenzukommen, arrangierte der tüchtige Herr Vetter eine Vernunftheirat Fräulein Li Gungs mit dem wohlhabenden Herrn Kau, einem Barbier. Wie es scheint, hatte er freilich nicht mit Yü Schans Macht über seine Cousine gerechnet. Es gelang dem Flieger jedenfalls, sich ihres vollen Vertrauens zu versichern und sie zu einer Liebesheirat mit ihm zu bewegen. Die Heirat lieferte den Vorstädten allerhand Gesprächsstoff, denn sie kam nie zustande. Die kleinen Tabakhändler nämlich, die von dem Plan des Herrn Lao Go, Li Gungs von ihnen allen gemeinsam über Wasser gehaltenen Laden an den Tabakkönig auszuliefern, Wind bekommen hatten, erreichten bei Li Gung ohne große Mühe, daß sie diese Absicht durchkreuzte. Hier versagte die Macht ihres Liebhabers völlig. Herr Lao Go, den er rufen ließ, damit er seine Cousine »zur Vernunft bringe«, erschien nicht, und Li Gung bekannte sich tief betroffen durch Yü Schans Vorgehen und machte ihm gegenüber kein Hehl daraus, daß ihr Vetter ihn für einen Mitgiftjäger und schlechten Menschen halte, worauf die ganze Hochzeit aufflog. Wäre das Viertel nicht so im Bann seines »Engels der Vorstädte« gestanden, hätte es wohl zu diesem Zeitpunkt und vielleicht schon früher den erstaunlichen Tatbestand, der all dem zugrunde lag, durchschauen müssen: Herr Lao Go war niemand anders als Fräulein Li Gung selbst. Als tüchtiger »Vetter«

1 [Typoskript an dieser Stelle unvollständig.]

ermöglichte sie durch nicht immer unbedenkliche Manipulationen die guten Taten, die ihr so viel Bewunderung eintrugen. Dieser Tatbestand blieb jedoch in Sezuan noch lange verborgen. Die Tabakhändler kamen leider nicht mehr in den Genuß von Li Gungs Selbstaufopferung. Die wenige Zeit, die sie sich für ihren Heiratsversuch genommen hatte, hatte genügt, Zweifel an ihrer Loyalität aufkommen zu lassen. Die Tabakhändler hatten, einander selbst unterbietend, ihre Läden nach dem schönen Refrain »Den letzten beißen die Hunde« dem Tabakkönig ausgeliefert. Li Gung aber mußte einem alten Freunde gegenüber, dem Wasserverkäufer Sun, das Geständnis machen, daß sie sich schwanger fühle. Die Not war groß. Ihr Laden stand nunmehr vor dem endgültigen Ruin. Zum dritten- und, wie es sich erwies, letztenmal tauchte der Vetter auf. Er hatte die Aufgabe, den Tabakladen für das erwartete Kind zu retten, dem nunmehr alle Liebe des Mädchens galt. Er zeigte keinerlei Bedenken, was die Wahl der Mittel anging. Die Bewunderung des Barbiers für seine »Cousine« und zugleich das Vertrauen vieler kleiner Leute in den »Engel der Vorstädte« finanziell ausschlachtend, richtete er [eine] Schwitzbude übelster Sorte ein, in der die alten Schützlinge und Kollegen für Hungerlöhne Tabak verarbeiteten. Auch Yü Schan, den Vater des Kindes, spannte er für das rasch aufblühende Geschäft ein. Li Gung hatte vor ihrem dritten Verschwinden seiner Mutter für ihn eine Stellung versprochen, in der er sich »durch ehrliche Arbeit bessern konnte«. Unter Herrn Lao Gos harter Hand wurde er Antreiber in der neuen Fabrik. Als Angestellten finden wir ihn ständig in Herrn Lao Gos Nähe. Dieser Verkehr wurde Herrn Lao Go denn auch schließlich zum Verhängnis. Gelegentliche kleine Geschenke privater Art brachten Yü Schan zu dem Verdacht, Herr Lao Go halte seine Cousine in einem Gelaß hinter dem Laden gefangen. Er begann Erpressungsversuche, auf die der Tabakhändler natürlich nicht einging. Am Ende holte der Enttäuschte die Polizei, und in dem Gelaß wurden sämtliche Kleidungsstücke und Habseligkeiten der verschwundenen Li Gung entdeckt. Der Mordanklage kann Herr Lao Go nur durch ein rückhaltloses Geständnis des wahren Tatbestands, seiner Identität mit Fräulein Li Gung, begegnen. Lao Go verwandelt sich vor dem erstaunten Ge-

Zwei Götter
Zeichnung von Gabriele Mucchi

richtshof zurück in Li Gung: Die Geißel der Vorstädte und der Engel der Vorstädte waren ein und dieselbe Person. Die Schlechtigkeit war eine Kehrseite der Güte, gute Taten waren nur zu ermöglichen durch schlechte Taten – ein erschütterndes Zeugnis für den unglücklichen Zustand dieser Welt.
Eine poetische Beleuchtung erfährt der Vorfall, der in Sezuan sehr belacht wird, durch die Behauptungen eines Wasserverkäufers, Li Gungs Anfangskapital sei ihr tatsächlich von drei Göttern überreicht worden, die ihm gesagt hätten, sie suchten in Sezuan einen guten Menschen, und die ihm auch mehrere Male im Traum erschienen seien, um sich nach den Taten des guten Menschen zu erkundigen. In den Richtern, vor denen das Geheimnis am Ende entschleiert wird, will er diese Götter wiedererkannt haben.
Man kann annehmen, daß diese Götter, wer immer sie gewesen sein mögen, jedenfalls mit einigem Erstaunen festgestellt haben werden, wie man es in Sezuan anstellt, ein guter Mensch zu sein.

DER GUTE MENSCH VON SEZUAN

Prolog

Drei Götter kommen in die Stadt Sezuan. Sie suchen nach einem guten Menschen, da ein Gerücht bis zu ihnen gelangt ist, daß es auf dieser Erde schwerer und schwerer geworden sei, gut zu sein. Mit Hilfe eines gefälligen Wasserverkäufers machen sie auch die Bekanntschaft eines guten Menschen, nämlich des armen Freudenmädchens Chen-Te. Jedoch beschwert auch sie sich darüber, daß es ihr beinahe unmöglich sei, alle Gebote der Götter einzuhalten, da es ihr allzu schlecht gehe. Um ihr eine Chance zu geben, machen die Götter ihr ein Geldgeschenk und verlassen sie mit den besten Wünschen.

1

Mit dem Geldgeschenk der Götter hat die gute Chen-Te sich einen kleinen Tabakladen eingerichtet. Da sie sich sogleich bemüht, die Gebote der Götter zu befolgen, ihren Nächsten zu helfen, ihre eigenen Interessen hintanzusetzen und selbst die übertriebensten Forderungen ihrer nicht immer gutartigen Mitmenschen zu befriedigen, ist ihr Laden allerdings schon am Abend des Eröffnungstages dem Ruin nahe. Eine achtköpfige Familie hat ihn als Asyl gewählt. Die »Gäste« raten ihr zynisch, um weitere Bittsteller abzuwehren, einen Vetter zu erfinden, dem der Laden eigentlich gehöre und der ein harter Mann sei. Zur Schlafenszeit ist für Chen-Te kein Platz mehr in ihrem eigenen Laden, und sie muß weggehen.

2
Zum tiefsten Erstaunen der »Gäste« öffnet sich am nächsten Morgen die Ladentür, und ein sehr hart aussehender junger Geschäftsmann betritt den Laden. Er stellt sich als Chen-Tes Vetter vor. Er fordert die Familie höflich, aber scharf auf, das Lokal zu räumen, da seine Cousine hier ihr Geschäft betreiben müsse. Als sie nicht gutwillig gehen wollen, ruft er kurzerhand die Polizei, welche einige Mitglieder der Familie wegen eines geringfügigen Vergehens ins Gefängnis abführt. Um sich vor dem Publikum zu rechtfertigen, zeigt er uns, daß es sich um schlechte Menschen handelte: Einige Säcke, die die Familie zurückgelassen hat, enthalten Opium! – Die freundlichen Beziehungen, die sich zwischen dem Vetter und der Polizei angesponnen haben, tragen sogleich Früchte. Ein dankbarer Polizist macht ihn aufmerksam auf das schmeichelhafte Interesse, daß der gegenüberwohnende wohlhabende Barbier Chu-Fu für seine hübsche Cousine angedeutet hat. Er ist bereit, ein Stelldichein im Stadtpark zu vermitteln. Der Vetter zeigt sich interessiert: Chen-Te ist ganz offensichtlich unfähig, ohne Schutz ihren Laden zu führen, und er selber muß wieder wegreisen und wird kaum wieder zurückkehren können.

3
Wir sehen Chen-Te im Stadtpark auf dem Wege zum Stelldichein mit dem reichen Barbier. Zu ihrem Schrecken erblickt sie unter einem Baum einen abgerissenen jungen Mann, der eben im Begriffe ist, sich aufzuhängen. Sie erfährt von ihm, daß er ein stellungsloser Postflieger ist und die 500 $

nicht aufbringen kann, die eine Fliegerstellung in Peking kostet. Ein Regenschauer treibt Chen-Te zu ihm unter den Baum. Ein zartes Gespräch entspinnt sich. Zum ersten Mal kostet Chen-Te die Freude einer von materiellen Interessen ungetrübten Beziehung zwischen Mann und Weib. Bevor sie nach Hause geht, hat sie dem Flieger auch versprochen, ihm zu seiner Stellung in Peking zu verhelfen. Sie meint, daß ihr Vetter vielleicht die 500 $ beschaffen kann. Freudestrahlend berichtet sie ihrem Vertrauten, dem Wasserverkäufer, daß sie, ausgehend, einen zu treffen, der ihr helfen könnte, einen getroffen hat, dem sie helfen kann.

Zwischenspiel

Vor den Augen des Publikums verwandelt sich Chen-Te in den Vetter Chui-Ta. Während sie in einem Lied erklärt, daß man gute Taten nicht ohne Gewalt und Härte begehen kann, legt sie Kleid und Maske des bösen Chui-Ta an.

4

Chen-Te hat ihren Freund, den Flieger Sun, in den Tabakladen gebeten. Anstelle des Mädchens findet er den Vetter Chui-Ta. Dieser erklärt sich bereit, die 500 $ für die Fliegerstellung zu beschaffen, die er als eine finanziell gesunde Basis für Sun und Chen-Te ansieht. Er hat die Tabakgroßhändlerin Mi Tzü herbestellt, und sie bietet für den Laden sogleich 300 $. Das Geschäft wird schnell perfekt, da Sun keinerlei Hemmungen zeigt. Strahlend steckt er die 300 $ ein. Die Beschaffung der Restsumme von 200 $ ist allerdings ein Problem. Der Vetter löst es, indem er unbedenklich beschließt, jenes Opium zu Geld zu machen, das die achtköpfige Familie seinerzeit in Chen-Tes Laden zurückgelassen hat. Groß ist jedoch sein Erstaunen, ja Entsetzen, als er auf eine beinahe zufällige Frage feststellen muß, daß der Flieger nicht daran denkt, das Mädchen mit sich nach Peking zu nehmen. Er bricht natürlich die weiteren Verhandlungen brüsk ab. Der Flieger läßt sich nicht so leicht abspeisen. Nicht nur gibt er die erhaltenen 300 $ nicht zurück – er gibt auch seiner Zuversicht Ausdruck, daß er die Restsumme von dem Mädchen ohne Schwierigkeiten herausbekommen werde, da sie ihm ja blind hörig sei. Er verläßt triumphierend den Laden, um vor der Tür auf sie zu warten. Chui-Ta, außer sich vor Zorn und Verzweiflung, sendet nach dem Barbier Chu-Fu und erklärt ihm, daß seine Cousine sich durch ihre grenzenlose Güte ruiniert habe und sofort eines mächtigen Gönners bedürfe. Der verliebte Barbier ist bereit, »bei einem kleinen Abendessen zu zweit« die Sorgen des Fräuleins zu bereden. Während Chui-Ta geht, »seine Cousine zu verständigen«, betritt der Flieger Sun wieder den Laden, Böses ahnend. Als Chen-Te aus dem Hintergelaß des Ladens tritt, um mit dem Barbier auszugehen, tritt Sun ihr in den Weg. Er erinnert sie an ihre Liebe, er erwähnt jenen regnerischen Abend im Stadtpark, wo sie sich fanden. Arme Chen-Te! Alles Wissen Chui-Tas um den unverschämten Egoismus des Fliegers ist hinweggeschwemmt von den Gefühlen der liebenden Chen-Te. Nicht mit dem Barbier, den ihr kluger Vetter für sie bestimmt hat, geht sie weg, sondern mit dem Mann, den sie liebt.

5

In der Frühdämmerung nach einer Liebesnacht erscheint eine glückliche Chen-Te vor einem Teehaus der Vorstadt. Sie bringt ein Säcklein mit Opium, das sie im Teehaus verkaufen will, um die restlichen 200 $ aufzubringen, die ihrem Flieger zum Fliegen verhelfen sollen. In einer Art Pantomime mit Musik sehen wir mit ihr, wie die Opiumraucher nach einer Nacht der Ausschweifung das Teehaus verlassen, taumelnd, fröstelnd, verwüstet. Der Anblick dieser Ruinen bringt sie zur Besinnung. Sie ist ganz außerstande, mit dem Verkauf eines so tödlichen Giftes ihr Glück zu erkaufen. Sun muß das verstehen. Er wird sie nicht wegjagen, wenn sie mit leeren Händen zu ihm zurückkehren wird. Von dieser Hoffnung erfüllt, geht sie eilends weg.

6

Chen-Tes Hoffnung hat sich nicht erfüllt. Sun hat sie verlassen. Er vertrinkt in niederen Kneipen das Geld, das der Verkauf des Ladens eingebracht hat. Wir treffen Chen-Te wieder, wie sie ihre wenigen Habseligkeiten im Hof auf einen Wagen packt. Ihr kleiner Laden, das Geschenk der Götter, ist verloren. Als sie die Wäsche von der Leine nimmt, wird ihr schwindlig, eine Nachbarin bemerkt höhnisch, daß ihr sauberer Liebhaber ihr wohl auch noch ein Kind angehängt habe. Chen-Te erfüllt diese Entdeckung mit unbeschreiblicher Freude. Sie begrüßt das Ungeborene, des Fliegers Sohn, als den zukünftigen Flieger. Sich umblickend, sieht sie, ihren Augen nicht trauend, ein Kind aus der Nachbarschaft, Speisereste aus ihrem Kehrichteimer fischend – es hat Hunger. Der Anblick bringt eine völlige Wandlung in ihr hervor. In einer großen Ansprache an das Publikum verkündet sie ihren Entschluß, sich für das Kind in ihrem Schoß in einen reißenden Tiger zu verwandeln. Nur so kann es, so scheint ihr, vor dem Elend und dem Verkommen bewahrt bleiben. Nur der Vetter kann da helfen.

Zwischenspiel

Der Wasserverkäufer fragt das Publikum, ob es Chen-Te gesehen hat. Sie ist seit 5 Monaten verschwunden. Der Vetter ist reich geworden und wird allenthalben der Tabakkönig genannt. Es geht jedoch das Gerücht, daß er seinen Wohlstand dunklen Geschäften verdanke. Der Wasserverkäufer ist überzeugt, es ist Opiumhandel.

7

Der Tabakkönig Chui-Ta sitzt einsam in dem alten, aber nun elegant gewordenen Tabakladen der Chen-Te. Er ist dick geworden. Nur die Bedienerin weiß warum. Die Herbstregen scheinen ihn melancholisch zu stimmen. Die Bedienerin macht sich über ihn lustig. Denkt man etwa an jenen abendlichen Regen im Stadtpark? Wartet man immer noch auf den verschollenen Flieger? Die Ladentüre geht, und ein heruntergekommener Mensch tritt ein. Es ist Sun. Chui-Ta fragt ihn in tiefer Erregung, was er für ihn tun kann. Der einstige Flieger weist rauh Kleider und Essen zurück. Er will nur eines: Opium. Chui-Ta, in dem unvergessenen Liebhaber ein Opfer seines dunklen Gewerbes erblickend, beschwört ihn, dieses verheerende Laster aufzugeben, da kommt der Wasserverkäufer Wang und fragt, wie allmonatlich, nach dem Verbleib der Chen-Te. Er hält Chui-Ta vor, er habe aus ihrem eigenen Munde erfahren, daß sie schwanger sei, und er beteuert, daß Chen-Tes Freunde nie aufhören würden, nach ihr zu fragen, da gute Menschen so selten wie nötig seien. Das ist zu viel für Chui-Ta. Er geht wortlos in das Nebengelaß. Sun hat mitangehört, daß Chen-Te ein Kind erwarte. Er wittert sofort eine Möglichkeit zur Erpressung. Da hört er aus dem Gelaß ein Schluchzen: Es ist unverkennbar Chen-Tes Stimme. Wenn Chui-Ta in den Laden zurückkehrt, erneuert Sun seine Forderung nach Opium, und da Chui-Ta sie abschlägt, entfernt er sich, Drohungen ausstoßend. Chui-Tas Geheimnis steht vor der Entdeckung. Er muß fliehen. Er ist im Begriff, den Laden und Sezuan zu verlassen, als Sun mit der Polizei zurückkommt. Eine kurze Haussuchung fördert Chen-Tes Kleid zutage. Der Tabakkönig wird unter Mordverdacht abgeführt.

8
Der Wasserverkäufer hat einen Traum. Es erscheinen ihm die drei Götter und fragen ihn nach Chen-Te. Er muß ihnen sagen, daß Chen-Te von ihrem Vetter ermordet worden ist. Die Götter erschrecken. Auf ihrer ganzen Reise durch die Provinz haben sie keinen zweiten guten Menschen gefunden. Sie werden sofort zurückkommen.

9
Zu dem Prozeß gegen den Tabakkönig Chui-Ta, der die ganze Vorstadt auf die Beine gebracht hat, erscheinen als Richter die drei Götter. In der Verhandlung werden allgemein die guten Werke der Chen-Te gepriesen und die Untaten des Chui-Ta verurteilt. Chui-Ta entschuldigt verzweifelt seine Härte mit seinem Bestreben, seiner weltfremden Cousine zu helfen. Er betrachtet sich als ihren einzigen echten und selbstlosen Freund. Befragt nach ihrem augenblicklichen Aufenthaltsort, weiß er keine Antwort. In die Enge getrieben, verspricht er ein Geständnis, wenn der Saal geräumt würde. Mit seinen Richtern allein gelassen, nimmt er seine Verkleidung ab: er ist Chen-Te. Die Götter sind entsetzt. Der einzige gute Mensch, den sie gefunden haben, ist der verhaßteste Mann der Stadt! Das darf nicht wahr sein. Außerstande, dieser Tatsache ins Auge zu blicken, beordern sie eine rosa Wolke und besteigen sie eilig, um wieder in ihren Himmel aufzufahren. Auf ihren Knien bittet Chen-Te sie um ihre Hilfe und ihren Rat. »Wie kann ich gut sein und nicht umkommen ohne

meinen Vetter, Erleuchtete?« – »Versuch es jedenfalls!«, sagen die Götter verlegen. – »Aber den Vetter muß ich haben, Erleuchtete!« – »Nicht zu oft, nicht zu oft!« – »Jede Woche zumindest!« – »Jeden Monat, das genügt.« Und in Verzweiflung sieht sie ihre Götter verschwinden nach oben, lächelnd winkend.

Wenn die Tore des Gerichtssaals sich wieder öffnen, begrüßt die Menge entzückt den wiedergekehrten guten Menschen von Sezuan.

Aufsätze über das Stück

Karl Heinz Schmidt
Zur Gestaltung antagonistischer Konflikte bei Brecht und Kaiser

Eine strukturanalytische Studie

In den gegenwärtigen literarischen Diskussionen rücken die Probleme der realistischen, parteilichen Darstellung der menschlichen Konflikte, die auf vielfältige Weise aus der großen, bewegten, widersprüchlichen Epoche des Überganges vom Kapitalismus zum Sozialismus erwachsen, immer stärker in den Mittelpunkt des öffentlichen Interesses. Das ist ganz natürlich, denn die Tiefe und Wahrhaftigkeit der Konfliktdarstellung sind für unsere sozialistisch-realistische Gegenwartsdramatik zu einem der Gestaltungsprobleme geworden, an dessen Bewältigung sich entscheidet, wieweit es ihr jetzt und in Zukunft gelingt, zu neuer, höherer künstlerischer Qualität vorzudringen. Gerade die Traditionen der sozialistischen Dramatik bieten eine Fülle von Anregungen. Sie zeigen, daß eine bedeutende künstlerische Gesamtaussage eines Stückes aufs engste mit der konzeptionellen Anlage und Führung der *Konflikte*, mit dem Erfassen der *gesellschaftlichen Momente* im Konflikt des Individuums verbunden ist.

Die spätbürgerliche Dramatik hat auf ihre Art versucht, die Antagonismen des menschlichen Lebens in der kapitalistischen Klassengesellschaft in ihrem gesellschaftlichen Gehalt auf die Bühne zu bringen. Hasenclever gestaltete die Zerrissenheit der bürgerlichen Familie in seinem Stück »Der Sohn«; Bruckner setzte sich in seinem Schauspiel »Rassen« mit dem Kampf auf Leben und Tod zwischen Faschisten und Juden auseinander; Zuckmayer zeigte im »Hauptmann von Köpenick« die Unversöhnlichkeit zwischen der preußisch-militaristischen Gesellschaft und dem armen, hilflosen einzelnen Menschen; und Kaiser gestaltete in seinem Volksstück »Nebeneinander« das aussichtslose Bemühen eines »kleinen Mannes«, in der Welt des Egoismus hilfsbereit zu sein.

Stellt man aber die Frage, wieweit es diesen oppositionellen und humanistischen bürgerlichen Schriftstellern gelang, die

hinter den antagonistischen menschlichen Konflikten liegenden sozialen und politischen Kausalkomplexe aufzuspüren und in die künstlerische Gestaltung einfließen zu lassen, dann muß gesagt werden: So beachtenswert die Konfliktanlage in den einzelnen Stücken ist, so wenig vermochten es die Dramatiker auf Grund ihrer *bürgerlich-idealistischen* Weltanschauung, auf Grund ihrer sozialpolitischen Klassenstellung zum tieferen *gesellschaftlich* bedingten Wesen dieser menschlichen Konflikte vorzudringen. Die neue Qualität der Konfliktgestaltung in der sozialistischen Dramatik wird gegenüber diesen bürgerlichen Versuchen besonders augenfällig. Die Theaterstücke von Bertolt Brecht, Friedrich Wolf, Johannes R. Becher und anderen sozialistischen Schriftstellern zeichnen sich gerade dadurch aus, daß in ihnen die Gestaltung der menschlichen Konflikte der Klassengesellschaft mit einer *historisch-materialistischen* Motivierung verbunden ist und Dissonanz und Unversöhnlichkeit in ihrer objektiv gesellschaftlichen Determiniertheit erfaßt werden.
Die aufgeworfene ästhetische Problemstellung ist selbstverständlich viel zu kompliziert, als daß sie hier in allen Aspekten gezeigt werden könnte. Die Probleme der Konfliktgestaltung finden bei jedem Dramatiker und in jedem einzelnen Drama ihren ganz eigenen Ausdruck. Um bestimmte Elemente der Konfliktstruktur eingehender betrachten zu können, beschränkt sich die vorliegende Analyse auf einen Vergleich des »Guten Menschen von Sezuan« von Brecht mit den Stücken »Nebeneinander« und »Silbersee« von Kaiser. Das Ziel der vorliegenden Studie ist keine literaturhistorische Untersuchung. Es sollen vielmehr einige innere, dramaturgisch-formale Methoden herausgearbeitet werden, die der sozialistische Realist Brecht bewußt anwendet, um auf poetische Weise durch die *individuellen* Konflikte Wesentliches über die antagonistischen Lebensverhältnisse der *kapitalistischen Gesellschaft* auszusagen.

Der Grundkonflikt der Shen Te/Shui Ta und seine Mehrschichtigkeit

Brecht greift in seinem Parabelstück »Der gute Mensch von Sezuan« ein weltweites Thema auf: die alte Sehnsucht der

Völker nach einem menschenwürdigen Leben, in dem Güte und Freundlichkeit statt Bosheit und Betrug herrschen.
Am Anfang des Stücks wird die Frage aufgeworfen, ob die bestehende kapitalistische Welt so bleiben kann, wie sie ist. Sie könnte es, meinen die Gottheiten, »wenn genügend gute Menschen gefunden werden, die ein menschenwürdiges Dasein leben können«[1]. Im Verlauf der Fabel wird dieses Grundproblem am Leben der Shen Te demonstriert. Eine große gesellschaftliche Fragestellung läßt der Dramatiker im persönlichen Grundkonflikt der Titelgestalt kulminieren: gut sein zu wollen, es aber nicht zu können. Ist Shen Te zu *sich selbst* gut, kann sie es nur auf Kosten ihrer Mitmenschen sein. Ist sie zu den *anderen* gut, kann sie nicht zugleich zu sich gut sein. – Sie will nach den allgemein-humanen Gesetzen, im Parabelgefüge des Stückes gefaßt als göttliche Gebote, handeln; doch sobald sie das tut, scheitert sie in der Wirklichkeit. Will sie aber im Leben nicht untergehen und weiterhin Güte verschenken, dann muß sie ständig gegen die Gebote verstoßen. Der Grundkonflikt der Figur trägt also die Feindlichkeit und Unversöhnlichkeit der gesellschaftlichen Verhältnisse auf eine poetische Art *in sich*. Der Widerspruch ist mit den vom Individuum unternommenen Bemühungen und Versuchen in dieser gesellschaftlichen Ordnung nicht zu überwinden. Zwischen den Interessen des einzelnen und den Interessen der anderen, zwischen dem Individuum und der Gesellschaft besteht ein unlösbarer Gegensatz. Der einzelne kann nur dann bestehen, wenn er sich gegen die menschlichen Haltungen der anderen und gegen seine eigene Menschlichkeit durchsetzt.
Im Stück wird der Grundkonflikt auf epische Weise durch verschiedene Entwicklungsetappen und Ebenen geführt, er äußert sich in einer Reihe von Einzelkonflikten der Figur: Als kleine Ladenbesitzerin versucht Shen Te, die Armut der Vorstadt zu lindern, aber das ruiniert den Laden, die Basis ihrer Existenz und Wohltaten; nur als Vetter Shui Ta kann sie sich selbst erhalten. Sie versucht, dem Flieger Yang Sun zu helfen und will sich selbst zugleich Liebe gönnen; doch um sich und das Geschäft vor dem Untergang zu retten, muß sie

1 Bertolt Brecht: *Der gute Mensch von Sezuan*. In: *Gesammelte Werke*, II, S. 1492.

erneut als Shui Ta auftreten. Schließlich will Shen Te wenigstens zu ihrem Kind gütig sein; das aber erfordert, daß sie als Shui Ta alle anderen Menschen in ihrer Fabrik unterdrückt und ausbeutet. – Der Engel der Vorstädte ist am Schluß zum Tabakkönig von Sezuan geworden, gegen den die Armen der Stadt und die Fabrikarbeiter vor den »göttlichen Richtern«, die die Gebote der Nächstenliebe erlassen hatten, ihre Anklage erheben. Der *Gute Mensch* steht vor den Göttern: »Euer einstiger Befehl / Gut zu sein und doch zu leben / Zerriß mich wie ein Blitz in zwei Hälften.« Er wird mit dieser Welt, an der etwas falsch sein muß, nicht fertig: »Warum / Ist auf die Bosheit ein Preis gesetzt, und warum erwarten den Guten / so harte Strafen?«[2]

Brecht hat es meisterhaft verstanden, den gesellschaftlichen Antagonismus in eine Figur hineinzulegen und bildhaft vorzuführen, daß die persönlichen Wünsche des Individuums nach Glück, Liebe und Geborgenheit mit dem gesellschaftlichen Getriebe unvereinbar sind, daß es schon für den bescheidenen Wunsch, ein Mittagessen zu bekommen, eine Härte braucht, mit der sonst Reiche gegründet werden.[3] Der Antagonismus spaltet den Menschen selbst in zwei Seiten, in eine menschliche und in eine unmenschliche. Die skizzierte Bewegung des epischen Grundkonfliktes über seine drei Hauptetappen – eine Bewegung, die zugleich wesentliche Grundzüge der Stückfabel wiedergibt – läßt erkennen, wie der Dramatiker alle einzelnen Momente des Konfliktgefüges ganz bewußt aus der widersprüchlichen Lebenssituation der kapitalistischen Warenproduktion-Gesellschaft erwachsen läßt. Es wäre absurd, von einem Theaterstück und erst recht von einem Parabelstück, das stets eine Form sehr abstrakter künstlerischer Verallgemeinerung gesellschaftlicher Probleme darstellt, ein bis ins letzte gehendes ökonomisches oder soziales Fundieren und Begründen der Konflikte zu verlangen. Aber es ist in diesem Stück auf eine erstaunliche Weise gelungen, wesentliche sozialökonomische Aspekte des Kapitalismus in poetisch verdichteter Form zu erfassen. So entwickelt sich der Grundkonflikt von Shen Te/Shui Ta in dem Maße, wie sie von einer kleinen Händlerin zu einer Kapitalistin aufsteigt.

2 AaO., S. 1602 f.
3 AaO., S. 1540.

Die Phase der Gründung ihrer Tabakfabrik ist gekennzeichnet durch skrupellosen Raub und Betrug, durch Kapitalkonzentration und durch Anhäufung besitzloser Arbeitskräfte. In der Manufaktur der Shen Te bildet sich eine Hierarchie der Arbeiter heraus, und die Ausbeutung wird durch das Einsetzen des Antreibers entscheidend erhöht. In dem Grade, wie sich der *Gute Mensch* in seiner Stellung als Manufakturbesitzer festigt, nehmen für ihn die antagonistischen Konflikte an Umfang und Schärfe zu, wird es ihm objektiv immer weniger möglich, als gute Shen Te aufzutreten, werden immer öfter die Charaktereigenschaften und Handlungen eines unmenschlichen Shui Ta verlangt, müssen die humanen Gebote immer öfter verletzt werden – damit das Individuum nicht selbst an diesen Konflikten zugrunde geht. Brecht wählte eine frühe Periode der Ausbeutergesellschaft sicherlich nicht zufällig, denn hier offenbart sich die kapitalistische Ausbeutung noch unverhüllt und direkt, was im modernen Industriekapitalismus nicht mehr der Fall ist. Die Parabel hat ihren Handlungsort, der »für alle Orte stand, wo Menschen ausgebeutet werden«[4], deshalb zu Recht im alten China. Die Unmittelbarkeit der Ausbeutung kommt natürlich einer künstlerisch-bildhaften Darstellung im Theaterstück entgegen.
Durch die Verbindung der Hauptfigur des Stückes mit der Zirkulations- und Produktionssphäre der bürgerlichen Gesellschaft kann Brecht deutlich machen, daß dieser Antagonismus sowohl den pauperisierten Geschäftsmann als auch den Unternehmer trifft, daß nicht nur die Armen und Proletarier, sondern gerade die verschiedenen Schichten der Bourgeoisie selbst von den negativen Auswirkungen der bestehenden gesellschaftlichen Zustände erfaßt und hin und her gerissen werden. Shen Te und die anderen Figuren sind auf ihren Entwicklungsstufen stets individuell geprägte Vertreter bestimmter Gesellschaftsschichten und gleiten deshalb nie in nackte Demonstrationsfiguren moralischer Prinzipien oder Verhaltensweisen ab (diese Tendenz werden wir in den Dramen von Kaiser finden). Yang Sun zum Beispiel wird als stellungsloser Flieger, als Arbeiter, als Antreiber und als Kontorist gezeigt. Er ist ein Mensch, der über die soziale Stufenleiter nach oben

4 AaO., S. 4*.

klettert und dabei seine negativen Züge immer stärker ausprägt. Er wird Shui Ta immer ähnlicher und tritt mit ihm schließlich in einen unerbittlichen Konkurrenzkampf.
Durch das Verwurzeln des epischen Grundkonflikts der Figur Shen Te/Shui Ta in den Tiefen des materiellen Gesellschaftsgefüges, durch die Darstellung des persönlichen Grundwiderspruchs in seiner sozialen Bedingtheit und historischen Bewegung wird er von der inneren Struktur des Theaterstückes von vornherein nicht als eine zufällige Angelegenheit eines beliebigen einzelnen Menschen gefaßt, sondern gewinnt eine gesellschaftlich-allgemeine Bedeutung und Aussagekraft. Mit diesem Stück dringt Brecht – wie es von ihm selbst für das sozialistisch-realistische Theater gefordert wurde – in »das soziale Getriebe« der Gesellschaft ein, indem er »Charaktere und Vorgänge als historische und veränderliche und widersprüchliche«[5] zeigt. Er erfaßt in den individuellen Konflikten zugleich den »Unterbau« der Gesellschaft, die »großen irdenen Strömungen«. »Sicher beginnt die Bedeutung einer Kunst für die Nachfolgenden erst an dem Punkt«, schrieb er in einer früheren Arbeit, »wo sie ›über den Unterbau hinauskommt‹. Aber sicher erst da, wo sie ihn auf natürliche Weise in sich trägt. Oder sagen wir ›unter sich‹.«[6]
Brecht nutzt die dramaturgischen Möglichkeiten des Parabelstückes für die Konfliktgestaltung voll aus. Die poetisch vorgetragene Lebensfrage, ob in der vorhandenen kapitalistischen Welt der Mensch ein menschenwürdiges Dasein führen kann, wird vom Dramatiker nicht nur als ein großer Antagonismus des *praktischen* Daseins, sondern zugleich auch als ein *ideelles,* moralisch-humanistisches Grundproblem der kapitalistischen Gesellschaft dargestellt. Es wird registriert, daß der gute Mensch mit der Sicherung seiner eigenen dringendsten Lebensbedürfnisse wie Essen, Wohnen, Arbeit, Liebe und so weiter sich mühsam herumzuschlagen hat, so daß er weder Zeit noch Möglichkeit hat, an die Gebote zu denken, daß er den Kampf um die eigene Existenz in einer Art und Weise führen muß, die den humanen Geboten völlig widerspricht, daß er bei allem aber doch nur eine zeitweilige

5 Bertolt Brecht: *Sozialistischer Realismus auf dem Theater.* In: *Gesammelte Werke,* VII, S. 935.
6 Bertolt Brecht: *Basis der Kunst,* aaO., S. 133.

Sicherstellung seiner Lebensexistenz erreichen kann. Die am Anfang aufgestellte Frage des Parabelstückes, ob die vorhandene Welt so bleiben kann, ist am Ende des Stückes verneint. Das von der bürgerlichen Gesellschaft propagierte allgemein-menschliche Ideal steht selbst im scharfen Antagonismus zur bürgerlichen Lebenspraxis. Das allgemeine moralisch-humanistische Grundproblem erweist sich als ein sehr wesentliches gesellschaftliches Moment, das entscheidend dazu beiträgt, den epischen Grundkonflikt der Hauptfigur – durch eine Art zweite poetische Ebene – über die Stufe einer rein privaten Angelegenheit eines einzelnen hinauszuheben. Das moralisch-humanistische Grundproblem tritt dabei im Verlauf der Fabel in Gestalt vieler einzelner Gebote konkret in Erscheinung. Diese Gebote, die wiederum aufs engste mit bestimmten Einzelkonflikten der Figur verknüpft sind, werden dann nach und nach auf ihre Realisierbarkeit geprüft. Durch die zweite poetische Ebene des Grundkonfliktes der Shen Te/Shui Ta werden wir zu der Frage geführt, inwiefern eine Umwandlung der Menschen und ihrer Lebensbedingungen, eine Erneuerung des Menschen, eine Abschaffung von Not und Elend, Betrug und Lüge, Erniedrigung, Ungerechtigkeit und Egoismus allein von guten Vorsätzen, von positiven Idealen her, ohne Veränderung der gesellschaftlichen Basis überhaupt möglich ist. Bewiesen wird, daß *innerhalb* der bürgerlich-kapitalistischen Produktions- und Lebensweise keine Verwirklichung humanistischer Ideale möglich ist, daß diese gesellschaftlichen Umstände die inhumanen Eigenschaften und Handlungen des Menschen vielmehr ständig weiter herausfordern und forcieren. So wird im Stück über die Wertung der exemplarisch vorgeführten Fälle vom Standpunkt des sozialen Daseins *und* des realen Humanismus die grundsätzliche Frage nach der Existenzberechtigung der bürgerlichen Gesellschaftsordnung überhaupt beim Zuschauer provoziert. Mit der Bedeutung der künstlerischen Mehrschichtigkeit in Brechts »Gutem Menschen von Sezuan« beschäftigt sich eingehend der polnische Theoretiker Andrzej Wirth. Wenn seine Arbeit auch insgesamt den Mangel aufweist, daß sie auf die gesellschaftlichen inhaltlichen Momente des Stückes zugunsten einer reinen Strukturanalyse verzichtet, so weist sie doch auf die besonderen Möglichkeiten der von Brecht entwickelten Parabelform (die Wirth vereinfachenderweise schlechthin dem Lehrstück zuordnet) hin, große intellektuelle Aussage über den Rahmen der einfachen Handlungsebene hinaus zu treffen. Hier wird »der erkenntnistheoretische Wert der Kunst« vergrößert, weil die Struktur »den Ausdruck von Ideen und Emotionen ermöglicht, die entweder in der dramatischen Ebene überhaupt nicht oder nur mit ungenügender Präzision und Spannung hätten angesprochen werden können . . .«[7]

Die mehrfache künstlerische Sicht der menschlichen Lebensprobleme im Parabelstück, die ihren inneren kompositorischen Ausgangspunkt bereits bei einer Vielschichtigkeit der Konfliktanlagen des Stückes findet, geht – wie Brecht selbst sagte – über den »Bereich des ›direkten Realismus‹« hinaus und ermöglicht, auf indirekte Weise die Wahrheit zu verbreiten. »Die Parabel«, sagte Brecht in einem Gespräch, »ist um vieles schlauer als alle anderen Formen. Lenin hat die Parabel doch nicht als Idealist, sondern als Materialist gebraucht. Die Parabel gestattete ihm, das Komplizierte zu entwirren. Sie stellt für den Dramatiker das Ei des Kolumbus dar, weil sie in der Abstraktion konkret ist, indem sie das Wesentliche augenfällig macht.«[8] Und wie in der Analyse des »Guten Menschen von Sezuan« gezeigt wurde, hat Brecht, beginnend bei der inneren dramaturgischen Konfliktstruktur, das Parabelstück in der Tat auf einem neuen, höheren künstlerischen Niveau etabliert. Der sozialistische Realist Brecht beschränkt sich nicht auf ein sinnbildliches Verdeutlichen spekulativ gewonnener sittlicher Forderungen, sondern er realisiert den Materialismus in der Kunst und schreitet zur poetischen Darstellung der widersprüchlichen Bewegungsgesetze der menschlichen Gesellschaft fort.[9]

7 Andrzej Wirth: *Über die stereometrische Struktur der Brechtschen Stücke.* In: *Sinn und Form,* Zweites Sonderheft Bertolt Brecht, Berlin 1957, S. 373 ff.

8 Siehe Ernst Schumacher: *Er wird bleiben.* In: *Neue Deutsche Literatur,* Berlin, 1956, Heft 10, S. 24/25.

9 Siehe Johannes Goldhahn: *Das Parabelstück Bertolt Brechts,* Rudolstadt 1961, S. 29 und 39.

Die Einzelkonflikte und das Konfliktgefüge des Stückes

Das Kompositionsprinzip eines mehrfachen gesellschaftlichen Fundierens des antagonistischen Grundkonflikts – einmal durch die materiell-soziale und zum anderen durch die philosophisch-moralische Problemstellung – realisiert sich auf vielfache Weise ebenfalls in den Einzelkonflikten. Als Beispiel soll auf die Konfliktbeziehung zwischen Shen Te und Yang Sun verwiesen werden. Das Verhältnis der beiden Liebenden stellt einen zentralen Handlungsstrang der Fabel dar und zeigt, wie sich der antagonistische Charakter des Grundkonflikts im einzelnen fortsetzt und ein bestimmtes Gebot, hier das der Gattenliebe, in sein Gegenteil umschlagen läßt.

Der Konflikt beginnt für Shen Te mit ihrer Absicht, einerseits dem Geliebten zu helfen, sich über das Elend zu erheben, andererseits für sich selbst das Liebesglück zu erhalten. Sie will das Gebot der Gattenliebe erfüllen, einem Mann in Treue anhängen und freundlich zu ihm sein. Die Hochzeit zwischen beiden scheitert aber aus den verschiedenen Gründen: Shen Te könnte Sun nur dann zu einem Fliegerposten verhelfen, wenn sie andere Menschen betrügen und ihre eigene Sicherheit opfern würde; Yang Sun seinerseits braucht aber in dem harten Konkurrenzkampf um seinen Arbeitsplatz nicht Shen Tes Liebe, sondern ihr Geld, er kann sich keine Liebe zu seinen Mitmenschen leisten, wie Shen Te es von ihm verlangt. Eine Ehe hätte diese Widersprüche nicht zu lösen vermocht und neue hervorgebracht. Für Shen Te ist es unter den bestehenden gesellschaftlichen Umständen unmöglich, zu *Sun*, zu *anderen* und zu *sich selbst* zugleich gut zu sein. Allein, ihr Versuch, sich nur eine kurze Zeit das Glück der Liebe zu gönnen und das Gebot der Gattenliebe zu erfüllen, brachte ihr schon den Verlust des Geliebten und ein ruiniertes Geschäft ein. Diese erste Phase der Konfliktentwicklung zeigt, daß unter kapitalistischen Verhältnissen für Shen Te ein Geliebter ohne Geld ein Luxus ist, den man sich nicht leisten kann.

Um *sich selbst* zu erhalten und zu ihrem *Kinde*, das sie erwartet, gut zu sein, bleibt Shen Te keine andere Möglichkeit, als nach den Erfordernissen der kapitalistischen Geschäftspraxis ihre eigene Liebe zum Handelsobjekt zu machen und

allen *anderen* gegenüber mit Härte und Brutalität aufzutreten. Der Konflikt zwischen ihr und Sun, der bereits in einem Antagonismus aufgebrochen ist, erfährt in der zweiten Phase eine weitere Ausprägung. Einerseits zwingt der *Gute Mensch* jetzt als Fabrikbesitzer den Sun in die Abhängigkeit als Lohnarbeiter, münzt seinen Ehrgeiz in Antreibertum um und verkauft den einstigen Geliebten selbst aus Geschäftsgründen; andererseits sucht Sun die ehemaligen Liebesbeziehungen auszunutzen und sich durch Erpressung in den Besitz der Fabrik zu setzen. Einst wollte der *Gute Mensch* als Shen Te ihn zur Güte bewegen, jetzt beutet er ihn als Shui Ta aus und fördert seine unmenschlichen Züge. Die gesellschaftlichen Bedingungen, unter denen der *Gute Mensch* seinen Konflikt durchleben muß, haben die Liebesbeziehung den Gesetzen der nackten kapitalistischen Geld-Ware-Beziehung unterworfen, sie ihres menschlichen Inhalts beraubt und vom göttlichen Gebot der Gattenliebe nichts weiter als einen unerfüllbaren Wunsch übriggelassen. Der antagonistische Konflikt bewirkte also eine Auflösung der *menschlichen* Beziehungen zwischen beiden Figuren und eine Herausbildung und Entfaltung der *kapitalistisch-geschäftsmäßigen* Seite dieser Liebe.
Der antagonistische Konflikt in der Liebesbeziehung ist wie der allgemeine Grundkonflikt der Figur abhängig von den sozialökonomischen Bedingungen der Gesellschaft und erweist sich auf der Basis dieser Bedingungen ebenfalls als unlösbar. Die Unvereinbarkeit der beiden Bemühungen, zu sich und zu dem Geliebten zugleich gut zu sein, läßt den Konflikt sich immer weiter verschärfen. Die Liebenden kommen sich im Verlauf der Handlung nicht näher, sondern entfernen sich immer weiter voneinander. Die Aufhebung des einen Gegenpoles des Antagonismus durch den anderen ist stets nur vorübergehender Natur, dient nicht dem Abbau des Konflikts, bereitet seine Entfaltung auf höherer Ebene vor. Die zur Ware gewordene Liebe macht den Menschen nicht besser und gütiger, sondern sie fördert seine egoistischen, inhumanen Züge. Je ausgereifter die kapitalistische Produktions- und Lebensweise der Gesellschaft geworden und je exponierter die Stellung des menschlichen Individuums in dieser Gesellschaft ist, um so ausgeprägter zeigt sich der Umschlag der positiven menschlichen Werte in ihr absolutes Gegenteil.

Die analytische Betrachtung zeigt, wie der Grundkonflikt und die mit ihm verbundene philosophisch-moralische Frage gerade über die konkreten Einzelkonflikte und über die einzelnen Figuren bis in die Verästelungen des Stückgefüges eindringt und diese Verästelungen mit sozialökonomischen, historischen und moralischen Bestimmungen durchzieht. Weitere Analysen könnten das auch im einzelnen für die konfliktreichen Beziehungen der Shen Te/Shui Ta zu den anderen Figuren, zum Wasserträger, zum Schreiner, zur achtköpfigen Familie, zum Teppichhändler, zur Hausbesitzerin und so weiter belegen.
Der Grundkonflikt und das darauf begründete vielschichtige Konfliktgefüge des Stückes konzentrieren sich in Shen Te/ Shui Ta auf vielfältige Art. Die Zentral-Figur ist gewissermaßen ein Knotenpunkt, in dem sich eine Reihe von objektiven gesellschaftlichen Widersprüchen in ästhetischer Weise sammeln. Dadurch wird die Figur zu einer eindrucksvollen künstlerischen Gestalt mit großer gesellschaftlicher Aussagekraft.
Brecht erfaßt im »Guten Menschen von Sezuan« bekanntlich nicht jene gesellschaftlichen Kräfte, die in revolutionärer Aktion den durch den Fabelverlauf als nötig erkennbar gemachten gesellschaftlichen Umbruch herbeiführen werden. Er ist in dieser Hinsicht historisch konkret, denn mit dem Manufakturkapitalismus ein bewußtes revolutionäres Proletariat zu verbinden, wäre ein Anachronismus. Brecht bleibt konsequent in der Parabelsituation des Manufakturkapitalismus. In einigen Szenen wird auf die Bedeutung der Volksmassen hingewiesen. Am Schluß des Stückes treten vor dem Gericht gerade die Armen und Fabrikarbeiter mit ihren Anklagen gegen den Kapitalisten Shui Ta auf, der den guten Menschen Shen Te beiseite geräumt hat.
Kann man aber, weil im Stück die gesellschaftlichen Kräfte der Zukunft keine größere Rolle spielen, weil hier das Gute nicht über das Böse siegt, von einem pessimistischen Stück sprechen? Das, was manche Kritiker dem Stück mitunter als Mangel ankreideten, daß sich aus ihm eine Reihe von ungelösten Widersprüchen und »offenen Fragen« ergeben, daß »der Weg der Shen Te, die sich in Shui Ta verwandelt hat«, eigentlich gar keinen »Ausweg« zeigt und uns das Stück die

Lösung der Konflikte schuldig bleibt[10] – gerade das war die künstlerische Absicht des Dramatikers: zu zeigen, daß diese antagonistischen Konflikte, die den Menschen hin- und herschleudern und zu vernichten drohen, innerhalb des Kapitalismus nicht aufgehoben werden können, daß es unter den dargestellten Bourgeois-Figuren mit objektiver, historischer Notwendigkeit auch keine neuen Menschen gibt, die einen Ausweg weisen könnten. Der realistische Kunstwert des »Guten Menschen von Sezuan« besteht gerade darin, daß im Grundkonflikt der Titelgestalt ein furchtbarer *gesellschaftlicher Antagonismus* deutlich wird: »Die Geißel der Vorstädte und der Engel der Vorstädte waren ein und dieselbe Person. Die Schlechtigkeit war die Kehrseite der Güte, gute Taten waren nur zu ermöglichen durch schlechte Taten – ein erschütterndes Zeugnis für den unglücklichen Zustand dieser Welt.«[11]

Daß der Dramatiker Brecht den Ausweg und die gesellschaftliche Klasse, die durch die soziale Revolution diese antagonistischen Widersprüche abschaffen wird, genau kannte, hat er nicht nur durch Theaterstücke wie »Die Mutter« und »Die Tage der Commune« direkt bewiesen, sondern es zeigt sich auch im »Guten Menschen von Sezuan« selbst – denn nur von einer sozialistischen weltanschaulich-politischen Grundhaltung aus konnte er auch die Konflikte der Figur Shen Te/Shui Ta auf eine solche Art gestalten. Eine wahrhafte, künstlerische Darstellung dieser Konflikte in ihrer vielschichtigen Dialektik von Individuellem und Gesellschaftlichem ist von einer anderen Position aus gar nicht möglich. Das beweisen die Versuche des bürgerlichen Dramatikers Georg Kaiser.

Die Konfliktanlage in »Nebeneinander« und »Silbersee«

Georg Kaiser gehört zweifellos zu den schöpferischen und konsequenten Vertretern der gesellschaftskritischen spätbürgerlichen Dramatik. Seine expressionistischen, moralisie-

10 Gerhard Wahnrau: *Der Gute Mensch von Sezuan. Parabelstück von Bertolt Brecht im Volkstheater Rostock.* In: *Theater der Zeit,* 1956, Heft 2, S. 56 f.

11 Bertolt Brecht: *Zeitungsbericht.* In: *Gesammelte Werke,* VII, S. 1160.

renden Stücke zeugen von seinem leidenschaftlichen Kampf gegen die unmenschlichen Zustände der bürgerlich-imperialistischen Gesellschaft. Er wurde »nicht müde«, schreibt Klaus Kändler, »seinem Publikum den Spiegel vorzuhalten und zur Änderung der bestehenden Verhältnisse aufzurufen. Er war besessen von der Idee einer humanistischen Ethik, die den Menschen befreien sollte von den Fesseln der kapitalistischen Warenwelt.«[12] Mit seinen kühnen dramaturgischen Konstruktionen tastete er zugleich die Vielfalt neuer gestalterischer Möglichkeiten für das moderne Drama ab. Bertolt Brecht schrieb im Jahre 1928 im »Berliner Börsen-Courier«: »Gefragt nämlich, ob ich die Dramatik Georg Kaisers für entscheidend wichtig, die Situation des europäischen Theaters für durch ihn verändert halte, habe ich mit einem Ja zu antworten. *Ohne die Kenntnis seiner Neuerungen ist die Bemühung um ein Drama fruchtlos* ...«[13]

In den Stücken »Nebeneinander« und »Der Silbersee« bringt Kaiser Menschen auf die Bühne, die hilfsbereit und gütig sein wollen. Er wendet sich dem großen humanistisch-sozialen Problem zu: Wie kann den Armen geholfen werden, damit sie satt zu essen und ein Dach über dem Kopf haben; wie kann man es erreichen, daß der Mensch nicht mehr des Menschen schlimmster Feind ist, daß sie sich freundlich, brüderlich und gütig zueinander verhalten? Es bleibt zu untersuchen, inwieweit es Kaiser gelungen ist, durch die Erscheinungssphäre der gesellschaftlichen Widersprüche hindurch in die tiefer liegenden sozialen und ökonomischen Gründe des Kapitalismus vorzustoßen und von daher die gesellschaftlichen Momente der Grundkonflikte seiner Figuren zu fundieren.

Mit dem Stück »Nebeneinander«[14] liegt ein sehr interessan-

12 Klaus Kändler: *Nachwort.* In: Georg Kaiser: *Der Silbersee, Der Soldat Tanaka* (Dramen), Leipzig 1962, S. 233.

13 Bertolt Brecht: *Dem fünfzigjährigen Georg Kaiser.* In: *Gesammelte Werke,* VII, S. 155.

14 Es kann hier nicht darum gehen, diesem Stück, das bekanntlich fünfzehn Jahre vor dem *Guten Menschen von Sezuan* entstand und zu seiner Zeit eine große Wirkung ausgeübt hat, eine literaturwissenschaftliche Gesamtwürdigung zuteil werden zu lassen. Dieses Stück wird – zusammen mit dem Schauspiel *Silbersee,* das sechs Jahre vor Brechts Stück entstand – vor allem wegen der Ähnlichkeit des thematischen Anliegens und unter dem besonderen Aspekt der Konfliktgestaltung in die Untersuchungen einbezogen.

ter Versuch vor. Die Fabel erzählt vom Bemühen eines kleinen Pfandleihers, ein unbekanntes Mädchen Luise zu retten, das sich wegen einer betrogenen Liebe – wie es scheint – das Leben nehmen wird. Kein Mensch hilft ihm bei der Suche nach dem Mädchen. Am Ende seines Weges wird ihm, da er sich für den Besuch eines Kasinos einen fremden Mantel aus seinem Pfandhaus übergezogen hat, von der Polizei die Geschäftskonzession entzogen. Der Ruinierte dreht den Gashahn auf und findet mit seiner Tochter den Tod. Inzwischen hat jener Schmarotzer Neumann, der der Liebe des Mädchens überdrüssig war, sich durch Geschäfte mit Liebe von einem mittellosen Manne nach oben gearbeitet bis zum Teilhaber eines Filmunternehmens. Luise selbst hat sich unterdessen nicht das Leben genommen, sondern einen anständigen Mann kennengelernt und geheiratet. – Der Grundkonflikt des Stükkes zeigt also die Anlagen zur künstlerischen Widerspiegelung eines großen gesellschaftlichen Antagonismus: der Hilfsbereite geht zugrunde, der Egoist gelangt zum Wohlleben.
Potentiell bietet sich die Möglichkeit an, zu einer ähnlichen künstlerischen Aussage zu gelangen, wie sie uns das Stück »Der gute Mensch von Sezuan« liefert. Aber abgesehen vom Ausgangspunkt der Fabel haben alle drei Figuren keinerlei handlungsmäßige Beziehung zueinander, die Fabel spaltet sich fächerförmig in drei Stränge auf, die absolut nebeneinander herlaufen. Der Dramatiker hat den Antagonismus Hilfsbereitschaft-Egoismus nicht *in* die Figuren hineingelegt, sondern aufgespalten, so daß auf der einen Seite der *menschliche* Pfandleiher und auf der anderen Seite alle anderen *unmenschlichen* Bourgeois stehen. Der Pfandleiher und Neumann verkörpern so die abstrakte Idealität jedes dieser Pole. Der eine Mensch besteht nur noch aus reiner Hilfsbereitschaft für jenes unbekannte Mädchen und denkt überhaupt nicht mehr an sich selbst und seine Tochter, der andere verkörpert den absoluten Egoismus. Wenn man die Figuren des Pfandleihers und des Neumann betrachtet, so stellt sich heraus, daß sie beide gar keine *realen* Konflikte im Fabelverlauf zu durchleben haben, daß der Dramatiker Kaiser – im Gegensatz zu Brecht – den Einzelfiguren das Ausfechten des Antagonismus in der eigenen Brust erspart hat. Neumann erweitert nur munter sein Geschäft; der Pfandleiher stößt lediglich

auf Unverständnis und Interesselosigkeit bei seinen Mitmenschen. Erst am Schluß des Stückes führt ihn der unberechtigte Gebrauch eines Kleidungsstückes in einen Konflikt und plötzlich zum Ruin. Die lineare, undialektische Handlungsführung bewirkt schematische Figuren, die selbst keine wesentlichen Entscheidungen in dieser oder jener Hinsicht zu fällen haben, die nur auf ein schon bekanntes Endziel zutreiben.

Auch in bezug auf die Liebe, die von der Bourgeoisie gekauft und verkauft wird, zeigt sich gerade im Unterschied zum »Guten Menschen von Sezuan«, daß ihre gesellschaftliche Reduzierung auf eine Ware keinerlei Auswirkung auf die menschlichen Individuen hat. Vor allem das Mädchen Luise und die Schwester von Neumanns Bekannten, mit deren Liebe er ein Geschäft großen Stils betreibt, bleiben davon unberührt. Die zur Liebesware gewordenen Frauen geraten durch diese gesellschaftlichen Umstände in keine Widersprüche, sie nehmen keinerlei menschlichen oder moralischen Schaden.

Die beschränkt erfaßten gesellschaftlichen Momente, die das Leben und die Haltungen der Figuren determinieren, die im Ansatz gestalteten gesellschaftlichen Antagonismen hat Kaiser gar nicht beziehungsweise ungenügend für die Darstellung echter menschlicher Konflikte fruchtbar gemacht. – Beide Dramatiker nehmen eine entgegengesetzte Ausgangsposition ein. Während der Materialist Brecht den Grundkonflikt der Shen Te/Shui Ta aus ihrer eigenen *realen* Lebenslage heraus erwachsen läßt und erst in zweiter Hinsicht als ein *moralisches* Problem entwickelt, konzentriert sich der Idealist Kaiser darauf, die Probleme des Pfandleihers primär als eine rein moralische Angelegenheit zu gestalten.

Diese abstrakte und moralisierende Hilfsbereitschaft tritt im Drama »Der Silbersee«[15], das seiner Struktur nach ein Parabelstück darstellt, noch ausgeprägter hervor. Die »allgemeine Güte an sich« beherrscht hier die Konfliktführung völlig. Der Polizist Olim, der den armen, hungernden Severin zum Krüppel schoß, weil er in einem Laden gestohlen hatte, nimmt sich – als er durch ein Losgewinn Schloßbesitzer

15 Georg Kaiser: *Der Silbersee, Der Soldat Tanaka* (Dramen). Leipzig 1962.

geworden ist – des Verwundeten an, liefert ihn nicht dem Gericht aus, sondern pflegt ihn aufopferungsvoll gesund. Severin, wieder zu Kräften gekommen, sinnt auf Rache und erfährt, daß es Olim selbst war, der ihn einst niederschoß. Beide verzeihen und verbrüdern sich; Severin bändigt seinen Haß, Olim verliert seine Angst. Die soziale Stellung beider Figuren wird im Stück nicht zur Untermauerung des Moralproblems benutzt, sondern die sozial-gesellschaftlichen Momente, die zu Beginn noch ansatzweise vorhanden waren, werden mehr und mehr aus den Konfliktbeziehungen der beiden ausgeschlossen. Als Olim durch die Intrigen der Haushälterin seinen Reichtum verliert, ziehen beide Männer, jetzt gleich an Armut und Stellung, an den Silbersee zurück, wo Severin einst in einer Mooshütte gehaust hatte. Da die Armenhütten inzwischen von der Polizei zerstört sind, haben beide keine Bleibe und wollen sterben. Aber ein Chor eröffnet ihnen, daß sie als »neue Menschen« aus dem Leben noch nicht entlassen werden, weil sie den Fortschritt darstellen. Am Schluß sehen wir zwei außerhalb jeder gesellschaftlichen Bezüge stehende Figuren, die eine Moral an sich demonstrieren.

Georg Kaiser, der in anderen Werken seinen »neuen Menschen« bereits als individualistischen Aufbegehrer oder als abstrakten geistigen Führer dargestellt hatte, zeigt ihn hier als allgemeines Symbol des besitzlosen und brüderlichen Freundes. Hat sich der Dramatiker im Stück »Nebeneinander« bei aller Begrenztheit noch der Aussage genähert, daß die Hilfsbereitschaft und der Humanismus sich in der kapitalistischen Gesellschaft *nicht* verwirklichen lassen, so erprobt er jetzt mit den Konfliktbeziehungen zwischen Olim und Severin verschiedene Lösungen, wie und womit den Armen im Kapitalismus *geholfen* werden kann, und kommt zur Ansicht: Diebstähle am Besitz der Reichen oder gewaltsame Verfolgungen würden keine Lösung bringen; die Armen an den Gütern der Reichen teilnehmen lassen, mache die Armen unglücklich. Zufrieden und glücklich würden die Menschen erst, wenn die Reichen freiwillig auf ihren Besitz verzichten, wenn alle Menschen Haß und Angst überwinden, wenn sie aus eigener, innerer Menschlichkeit Besitzlose und Gleichgesinnte geworden sind. Das ist letztlich ein sinnbildhaftes Darstellen spekulativ gewonnener, idealistischer, humani-

stisch-sittlicher Forderungen. Es muß in einer Welt der harten, unerbittlichen Lebenstatsachen ein irrealer, utopischer Lösungsweg bleiben.
Mit dem Versuch, den Klassenantagonismus auf ein abstrakt moralisches Problem zu reduzieren, wird eine tiefere soziale Begründung der Konflikte beider Figuren verhindert. Die beiden Hauptfiguren sind sozial zwar nicht als konkrete Klassenindividuen, aber immerhin als »arm und hungrig« bzw. »reich und satt« bestimmt und haben eine beschränkte gesellschaftliche Aussagekraft. Ihre Konfliktbeziehung, die eigentlich eine antagonistische ist und am Anfang des Stückes auch als eine solche skizziert wird, entspricht im weiteren Verlauf der Fabel nicht mehr der *objektiven gesellschaftlichen Entwicklung,* die auf eine Verschärfung der Beziehungen hindrängt, sondern wird durch idealistisch-moralische Wandlungen der beiden zentralen Gestalten entspannt und nivelliert. Das fällt bei einem Parabelstück, das stets einen hohen künstlerischen Verallgemeinerungsgrad besitzt, besonders schwer ins Gewicht. Der objektive gesellschaftliche Antagonismus – gut sein zu wollen, aber böse sein zu müssen –, der im Theaterstück von Brecht in seiner sozialen Konkretheit, Entwicklung und äußersten Zuspitzung gefaßt ist, wird hier idealistisch aufgehoben. Auf der Basis eines immer mehr entschärften antagonistischen Grundkonfliktes werden die widersprüchlichen Beziehungen zwischen den Figuren abgebaut, und der Moralismus der Figuren Olim und Severin wird immer abstrakter, bis sie selbst zum Schluß als nackte Prinzipien dastehen und nicht wissen, wohin sie gehen sollen – über irgendeinen gefrorenen Silbersee in irgendeine neue Idealwelt.
Die Wurzel allen Übels glaubte Kaiser nicht in der unmenschlichen, unmoralischen *Gesellschaftsordnung* zu finden, sondern in der Unmoral einzelner *Individuen.* Deshalb ruft er die Individuen zur moralischen Wandlung und Läuterung auf. Auf Grund seiner unrealistischen, unhistorischen Position, seiner sehr beschränkten sozial-politischen Einsicht vermag er nicht über das Chaos des Kapitalismus in eine *wirkliche* neue Welt hinauszublicken und erhofft sich die Erneuerung der Menschheit innerhalb der bestehenden bürgerlichen Gesellschaft. Sein neuer Mensch ist ein idealistisch-moralisches Abstraktum. Der künstlerische Erkenntniswert des Stückes liefert dem Zu-

schauer wenig gesellschaftliche Einsichten und keine praktikablen Wahrheiten. Die Aufrufe des Schriftstellers an die Zuschauer müssen ohne reale Konsequenzen bleiben.

Neue weltanschauliche Position Brechts – neue Qualität des Parabelstück-Typus

Die Analysen der verschiedenartigen dramaturgischen Konfliktanlagen und -führungen in den Stücken von Brecht und Kaiser lassen erkennen, daß ein Vordringen zu den eigentlichen ursächlichen, determinierenden Momenten in der Konflikt- und Menschengestaltung aufs engste mit der ästhetisch-weltanschaulichen Position des sozialistischen Realismus verknüpft ist. Brecht widerspiegelt die antagonistischen Gesellschaftszustände und ihre menschlichen Konflikte nicht mehr vom Standpunkt eines Künstlers, der weltanschaulich innerhalb des Chaos der kapitalistischen Gesellschaft verharrt und seine Lösungen im Rahmen dieser Ordnung sucht, sondern er steht ideologisch über den antagonistischen Zuständen und weiß um eine echte Lösung der gesellschaftlichen und individuellen Widersprüche in der neuen, sozialistischen Gesellschaftsordnung. Seine ästhetische Grundhaltung ist keine subjektivistische, sondern eine objektiv wissenschaftliche Position, die zugleich eine entschiedene parteiliche Haltung für die revolutionäre Arbeiterklasse und den gesellschaftlichen Fortschritt einschließt. Allein diese Grundhaltung ermöglicht es ihm, tiefer als die bürgerlich-humanistischen Dramatiker in die komplizierten Gesellschaftszustände und menschlichen Schicksale einzudringen und die realen Lebenserscheinungen derart künstlerisch zu komponieren, »daß Einsichten in das soziale Getriebe gewährt und sozialistische Impulse erzeugt werden«.[16] Brecht selbst weist darauf hin, daß das Aufspüren der grundlegenden Wahrheiten nicht nur eine Frage des Mutes oder der guten Absicht ist, sondern daß dazu eben umfangreiche wissenschaftliche Kenntnisse über die bestehende Welt notwendig sind. Einigen Schriftstellern »fehlt es an Kenntnissen«, schreibt er, »sie sind voll von altem Aberglauben, von berühmten und in alter Zeit oft schön geformten

16 Bertolt Brecht: *Sozialistischer Realismus auf dem Theater.* In: *Gesammelte Werke,* VII, S. 935.

Vorurteilen. Die Welt ist zu verwickelt für sie, sie kennen nicht die Fakten und sehen nicht die Zusammenhänge. Außer der Gesinnung sind erwerbbare Kenntnisse nötig und erlernbare Methoden. Nötig ist für alle Schreibenden in dieser Zeit der Verwicklungen und der großen Veränderungen eine Kenntnis der materialistischen Dialektik, der Ökonomie und der Geschichte.«[17]

Diese Bemerkungen Brechts liefern auch den Schlüssel dafür, warum es einem so profilierten Dramatiker wie Kaiser nicht gelang, mit seinen Konflikt- und Menschendarstellungen zu den tieferliegenden Wahrheiten vorzudringen. Selbst bürgerliche Forscher kommen zu dem Ergebnis, daß es in Kaisers Stücken zu keiner »wirklichen gültigen Darstellung des ökonomischen oder politischen Zeitkomplexes« gekommen ist. »Die Frage liegt tatsächlich nahe«, schreibt Wolfgang Paulsen, »ob er so etwas überhaupt jemals auch nur ernsthaft in Betracht gezogen hat: Kommunismus, Sozialismus, Rousseauismus, Diktatur des Kapitals oder des Proletariats, Bankwirtschaft, Polizei, Gefängniswesen: an welche Erscheinungsform man sich auch halten möchte, nirgendwo findet sich mehr als eine skurrile Verzeichnung der Gegebenheiten, die gerade noch so viel Wahrscheinlichkeit haben, daß sie erkennbar bleiben ... Eine objektive Spiegelung und Erfassung der Realität war ihm ganz unmöglich. Geduldige Einzeluntersuchungen der letzten Jahre haben nachgewiesen, daß ihm jedes sachliche Verständnis für die Dinge dieser Welt gefehlt hat.«[18]

An den Dramen beider Schriftsteller läßt sich ablesen, wie die weltanschaulich-wissenschaftliche Grundposition eines Künstlers bei der ästhetischen Auswahl und Führung eines Konflikts von Anfang an im Spiele ist. Bereits mit der Konzipierung eines Konfliktes wird die künstlerische Aussagekraft der Figuren und des ganzen Stückes entscheidend bestimmt. Brecht leugnet keinesfalls die ideellen, moralischen und psychologischen Sphären des menschlichen Daseins, aber er wertet sie als

17 Bertolt Brecht: *Fünf Schwierigkeiten beim Schreiben der Wahrheit.* In: *Gesammelte Werke,* VIII, S. 225.

18 Wolfgang Paulsen: *Georg Kaiser, Die Perspektiven seines Werkes,* Tübingen 1960, S. 12/13. Paulsen stützt sich auf: Hans H. Fritze: *Über das Problem der Zivilisation im Schaffen Georg Kaisers,* Freiburg 1953, und Moses Joseph Fruchter: *Georg Kaiser's dramatic works, his social dialectic,* Pennsylvania 1933.

einzelne, sekundäre Seiten des menschlichen Lebens, die selbst wieder von tiefer liegenden materiellen, ökonomischen, sozialen und politischen Elementen bestimmt werden und deshalb noch nicht selbst die letzten gesellschaftlichen Triebkräfte verkörpern.

Brecht geht in seiner Dramaturgie davon aus, daß dem bürgerlichen Individuum sein eigenes Dasein wie auch die allgemeinen gesellschaftlichen Kräfte zunächst als etwas Unergründliches und Unbeherrschbares entgegentreten, daß der Mensch in dieser Welt der allseitigen menschlichen Entfremdung bei seiner *produktiven Tätigkeit* weitgehend seine eigentliche Menschlichkeit einbüßt. Zum Beispiel: Die von Yang Sun entwickelte Produktivität (verstanden als allgemeine Betätigung und Entäußerung seiner menschlichen Wesenskräfte), die bislang durch seine Arbeitslosigkeit brachlag und jetzt in der Fabrik wirksam wird, zeigt sich unter anderem darin, daß er weitaus geschickter als die anderen Arbeiter ist. Diese menschlichen Fähigkeiten, die an sich etwas Positives sind, wirken sich für die anderen sofort als eine gesteigerte Ausbeutung und für ihn selbst dergestalt aus, daß sie seine Hartherzigkeit, Skrupellosigkeit und Habgier fördern. Die freigesetzte Schöpferkraft der Individuen, die die Gesellschaft in ihrer Gesamtheit voranbringt, schlägt für den einzelnen in eine Destruktionskraft um und deformiert ihn. In der Figur Shen Te/Shui Ta ist der Prozeß der menschlichen Selbstentfremdung und Selbstzerstörung vom Dramatiker noch vielschichtiger dargestellt. Ihre zahlreichen guten Handlungen, ihre Freundlichkeit, Gastfreundschaft, Nächstenliebe, Gattenliebe und so weiter, schlagen ins Gegenteil um und ruinieren allmählich die gütige Grundhaltung. Brecht verbindet mit ihrem Grundkonflikt zugleich die Aussage: Nicht die Bosheit, sondern die Tugenden richten den Menschen im Kapitalismus zugrunde.

Nun muß man Kaiser zugestehen, daß er im Stück »Nebeneinander«, insbesondere im Konflikt des armen Pfandleihers, versucht hatte, den Prozeß der menschlichen Entfremdung im Kapitalismus darzustellen. Das menschliche Bemühen des »kleinen Mannes« trägt zweifellos den Charakter einer beachtenswerten menschlichen Produktivität, und der Dramatiker versucht auch, in Ansätzen das Umschlagen dieser produktiven Tätigkeit in eine Destruktionskraft, in eine tödliche Selbstentfremdung zu erfassen. Aber während Brecht die Entfremdung und die Zerstörung der menschlichen Produktivität als etwas wertet, das *alle* praktischen und geistigen Wesenskräfte des Menschen erfaßt und seine Ursache im inneren Sozialgefüge der Ausbeutergesellschaft findet, meint Kaiser, man könnte das Phänomen bereits überwinden, wenn man die Mitmenschen zur intellektuellen Einsicht bewegt, menschlicher und gütiger zu werden. Auch hier wird die weltanschauliche Grenze des bürgerlich-humanistischen Dramatikers erkennbar. Der sozialistische Dramatiker Brecht stellt bewußt heraus, daß die menschlichen Untugenden und die antihumanen Handlungen nicht nur bei *einzelnen* Menschen zu finden sind, sondern daß sie die bürgerlich-kapitalistische Lebensweise insgesamt in ihrem eigentlichen Wesen bestimmen. Die guten und humanen Seiten des Menschen sind nicht gefragt, die menschlichen Tugenden erweisen sich geradezu als tödlich; Egoismus, Betrug, Geschäftemachen, Entwürdigung und Brutalität bestimmen den eigentlichen »Wert« des Menschen, die Untugenden und die Barbarei werden zum Maß aller menschlichen Werte, und das Unmoralische gilt als moralisch.

Der sozialistisch-realistischen Grundhaltung Brechts ist zugleich eine neue Haltung zum »unergründlichen menschlichen Schicksal« immanent. Es ist ein wesentliches künstlerisches Ziel des Dramatikers, den menschlichen Konflikten ihre Schicksalhaftigkeit zu nehmen. Er will in den menschlichen Konflikten die gesellschaftlichen Momente gerade auf eine solche Art erfassen, daß der Zuschauer wesentliche Einsichten gewinnt, um sein Schicksal zu bewältigen.

Man kann nun fragen, ob Brecht in seinem Stück »Der gute Mensch von Sezuan« das Leben der Menschen nicht letztlich auch als ein unergründliches Schicksal dargestellt hat. Für Shen Te, Yang Sun und die anderen Stückfiguren – ja selbst für die »Schicksal-Macher«, die Götter – ist es zweifellos das unfaßbare, unberechenbare Woher und Wohin; denn auch in der Wirklichkeit ist das Leben für den kleinen Händler und den hungernden Armen, für den besitzenden Bourgeois und den unwissenden Arbeiter ein undurchsichtiges Etwas. Sie kommen am Ende des Stückes persönlich zu keiner Einsicht.

Aber für die Zuschauer wird dieses Schicksal, ganz im Gegensatz zu den Stücken von Kaiser, einsichtig gemacht und zu einem Diskussionsgegenstand erhoben.
Die Schicksalsdarstellung bei Brecht unterscheidet sich grundsätzlich von der Darstellung durch spätbürgerliche Dramatiker, die im allgemeinen von Hebbel bis zu Vertretern der Gegenwart in der Tendenz die gleiche Position einnehmen und das Schicksal als etwas Unabwendbares betrachten. Während Hebbel – und selbst Kaiser in seinen aggressiven Stücken – die Menschen vor allem in ihrem vom Schicksal auferlegten *Leiden* faßt, gestaltet Brecht Shen Te, auch unter den schwersten Schicksalsschlägen, stets in ihrer Aktivität. »Alles Handeln«, schrieb Hebbel, »löst sich dem Schicksal, das heißt dem Weltwillen, gegenüber in Leiden auf . . ., alles Leiden aber ist im Individuum ein nach innen gekehrtes Handeln...«[19] Brecht bemerkte gerade gegen Hebbels Dramatik bereits 1920, also schon zu einer Zeit, als sich seine antibürgerliche, antiidealistische Position noch nicht zu einem sozialistisch-revolutionären Standpunkt entwickelt hatte: »Nicht die Großartigkeit der Geste, mit der das Schicksal den großen Menschen zerschmettert, ergreift uns, sondern allein der Mensch, dessen Schicksal ihn nur zeigt. Sein Schicksal ist seine Chance. Es gilt also nicht, große ideelle Prinzipiendramen zu schaffen, die das Getriebe der Welt und die Gewohnheiten des Schicksals darstellen, sondern einfach Stücke, die die Schicksale von Menschen schildern, Menschen, die die Gewinne der Stücke sein sollen.«[20] Der zum sozialistischen Schriftsteller gereifte Brecht deckt in seinen Stücken die inneren Gründe des Schicksals selbst auf. Er tritt in seinen theoretischen Schriften entschieden »dem Gerede vom Schicksal entgegen . . .« und weist darauf hin, »daß dem Menschen sein Schicksal von Menschen bereitet wird«.[21]
Hans Kaufmann schreibt, daß in den Brechtschen Parabelstücken der »kleine Mann« zwar als Objekt, als Mitsprecher und Opfer, nicht aber als Subjekt, als Gegenspieler der Geschichte gestaltet wird. Zwar werde die grausame Ausbeuter-

19 Friedrich Hebbel: *Werke in drei Bänden*, Bd. I, Weimar 1960, S. 99.
20 Bertolt Brecht: *Notizen.* In: *Gesammelte Werke*, VII, S. 50.
21 Bertolt Brecht: *Fünf Schwierigkeiten beim Schreiben der Wahrheit.* AaO., VIII, S. 238.

ordnung enthüllt, aber der »kleine Mann« würde sich »gezwungenermaßen ohne Widerstand in den Mechanismus dieser Gesellschaft einspannen«[22] lassen. Der Autor beachtet zu wenig, daß Brecht im »Guten Menschen von Sezuan« ein bürgerliches (und kein proletarisches) Individuum in den Mittelpunkt gestellt hat, das sich gerade durch ein unentwegtes, starkes Gegenbemühen auszeichnet, um aus seinem persönlichen Konflikt herauszukommen. Diese Gestalt ist als Objekt der Geschichte im künstlerisch-ideologischen Sinne bereits ein qualitativ anderes »Opfer« als die Figuren bei Hebbel oder der Pfandleiher bei Kaiser. Das Vorführen des Herauskommenwollens geschieht nämlich mit der gezielten künstlerischen Absicht zu zeigen, daß das Bemühen des einzelnen Menschen, auf eine *solche Art* seine Konflikte zu lösen und sein Schicksal zu meistern, letztlich zu keinem Erfolg führt. Und der Zuschauer wird zugleich bis an die Erkenntnis herangeführt, daß ein solches Leben *nicht* die einzig mögliche, unausweichlich notwendige gesellschaftliche Lebensform, mit der man sich abzufinden habe, ist. Damit wird der »Gegenspieler der Geschichte«, der im Stück nicht selbst unmittelbarer künstlerischer Gegenstand ist, provokatorisch als ein Gegenspieler etabliert, der außerhalb der bürgerlichen Lebensordnung zu suchen ist.

Hans Kaufmann vertritt in seinem Buch außerdem eine Auffassung, die den künstlerischen Möglichkeiten einer parabolischen Konflikt- und Charaktergestaltung nicht voll gerecht wird und in der Tendenz sogar einer Abwertung der *realistischen* Aussagemöglichkeiten eines Parabelstücks gegenüber einem Geschichtsdrama gleichkommt: »Wir merken ›betroffen‹, daß der Prozeß, den das Stück durchlaufen hat, nur ein analytischer, ein vermittels der Fabel veranschaulichter Gedankenprozeß war, kein Abbild eines wirklichen (Entwicklungs-) Prozesses.«[23] Nun trifft das zwar auf das Parabelstück »Der Silbersee« von Kaiser zu, aber keineswegs auf »Der gute Mensch von Sezuan«, auf den es gemünzt sein soll. Hans Kaufmann sieht zunächst selbst, daß man zwischen einer sozialistischen und bürgerlichen Parabelidee unterscheiden

22 Hans Kaufmann: *Bertolt Brecht – Geschichtsdrama und Parabelstück*, Berlin 1962, S. 107/108.
23 AaO., S. 106.

muß, denn er schreibt, daß »bei Brecht ... der ›Satz‹, auf dem das Parabelstück aufgebaut ist, gewöhnlich eine sozialistisch-humanistische oder gesellschaftskritische oder geschichtsphilosophischen Maxime des Marxismus« ist.[24] Er beachtet aber nicht die Konsequenzen, die das für ein ausgereiftes sozialistisches Parabelstück mit sich bringt.

Während es sich bei Brecht um eine *dialektisch-materialistische* Idee (die selbst bereits das Produkt eines sozialistisch-realistischen Widerspiegelungs- und Erkenntnisprozesses des Künstler-Subjekts darstellt) handelt, ist es bei Kaiser eine ausgesprochen *idealistische* und nicht einmal ausgeprägt dialektische Idee. Die Parabel-Idee hat Brecht in »Der gute Mensch von Sezuan« nicht einfach voluntaristisch mit Fakten umgeben, sondern – wie das dramaturgische Konfliktgefüge des Stückes ausweist – im Verlauf der Fabel konsequent aus den gesetzmäßigen, sozialen, also *realen* Lebensverhältnissen herauswachsen lassen und sie dabei zugleich auf philosophische Weise mit diesen Verhältnissen konfrontiert. Demgegenüber ist die willkürliche Handhabung der Wirklichkeitsdetails im »Silbersee« zur Veranschaulichung einer subjektiv-idealistischen Weltverbesserungsidee durch Kaiser ganz offensichtlich. Kaiser hebt den wirklichen Entwicklungsprozeß idealistisch auf und erreicht wunschgemäß die Auflösung der antagonistischen Konflikte seiner Figuren. Der Materialist Brecht verfolgt – ausgehend von seiner Idee – im Stück einen bestimmten Abschnitt des realen Lebensprozesses und kommt dadurch (neben aller philosophischen Sicht) dazu, die gesetzmäßigen Bewegungen und Verschärfungen der antagonistischen Konflikte aufzudecken. Es ist ein thematisch begrenztes Abbild, das in seiner inneren dramaturgischen Komposition zwar von der philosophischen Parabelidee her organisiert ist, aber deshalb doch ein *Abbild des wirklichen Lebens* bleibt. Die Konflikt- und Menschengestaltung in Brechts »Gutem Menschen von Sezuan« ist eine sozialistisch-realistische Widerspiegelung und erschließt gerade durch die schöpferische Weiterentwicklung der herkömmlichen Parabelform auf dialektisch-materialistischer Grundlage neue Möglichkeiten. Hier ist es gelungen, ein sehr kompliziertes Gefüge von

24 A.a.O., S. 161.

menschlichen Konfliktbeziehungen der antagonistischen Gesellschaft in einer Vielschichtigkeit, die weit über die der Kaiserschen Stücke hinausgeht, augenfällig zu machen und den erkenntnistheoretischen und ästhetischen Wert des sozialistischen Dramas zu vergrößern.

Volker Klotz
Interpretation des ›Guten Menschen von Sezuan‹

Der Einzelfall des chinesischen Mädchens Shen Te zeigt das allgemeine Gesetz dieser Welt auf: unmöglich ist es, »gut zu sein und doch zu leben«. Drei Götter durchwandern die Welt auf der Suche nach einem guten Menschen. Sie wollen das Gerücht Lügen strafen, wonach die Gebote der Götter zu streng, die wirtschaftlichen Bedingungen auf Erden zu unerträglich seien, als daß ein Mensch beiden genügen könnte. Nach langem Suchen finden sie das Freudenmädchen Shen Te, das »nicht nein sagen« kann, verhelfen ihr zu einem Tabakladen, mit dessen Erträgen sie künftig die Armen unterstützen will. Der Laden leidet unter ihren guten Taten, der Ruin droht. Die Hilfsquelle zu retten, verkleidet sie sich als Vetter Shui Ta, der nach skrupellos ökonomischen Gesichtspunkten handelt. Dachte Shen Te nur an andere, denkt Shui Ta nur an sich. Shen Te tritt nun abwechselnd als sie selbst und als Vetter auf. Doch die Auftritte Shui Tas häufen sich, bis die Armen, denen Shen Te zu helfen pflegte, ihn schließlich vor dem Gericht, dem unerkannt die Götter präsidieren, der Unmenschlichkeit und des Mordes an Shen Te beschuldigen.

Mit der Trennung der Hauptfigur in zwei Hälften, in die hilfsbereite, lebensunfähige Shen Te und den egoistischen Shui Ta, der das Leben meistert, ego und alter ego in einer Person, geschieden lediglich durch Kostüm, bannte Brecht den Zwang zur Existenzspaltung, zum »Doppelleben«, in der heutigen Gesellschaft in ein zwingendes Bild. Dieser Zwang bahnt sich bereits im 19. Jahrhundert mit dem Beginn der Industrialisierung an und schlägt sich damals schon in der Literatur nieder. In Charles Dickens' Roman »Große Erwartungen« tritt ein Mr. Wemmick auf, Bürovorsteher bei einem Advokaten, der sich während seiner Dienstzeiten als harter, unnahbarer Mensch erweist; im Privatleben dagegen lernt ihn der Held als einen liebenswerten Sonderling kennen, als einen »character«, der mit seinem Vater, um den er rührend besorgt ist, ein winziges »Schlößchen« mit Fahnenmast, Zugbrücke und Böllerkanonen bewohnt. Auch hier schon die Spaltung der Person, in eine Nummer und in einen eigenwilligen Nonkonformisten. Doch Dickens ist sich der Gefahr nicht bewußt; sein Humor leimt die beiden auseinanderklaffenden Teile zusammen, die Spannung löst sich in Komik: es entsteht ein Kauz, der die Ausweglosigkeit seiner Lage nicht erkennt, der durch die Anomalie seiner Erscheinung nicht als verbindliche Figura für eine anzuklagende unerträgliche gesellschaftliche Situation zu werten ist. Erst das 20. Jahrhundert legt die Tragik dieser Existenzspaltung frei. Der negative Teil, Shui Ta, ist geprägt durch seine Funktion im wirtschaftlichen Getriebe, die den menschlichen Teil abschnürt. Auch Brechts Gutsbesitzer Puntila (»Herr Puntila und sein Knecht Matti«) ist eine solch schizoide Figur. Er wechselt mit seinen Gezeiten von Suff und Nüchternheit vom Menschen zum Unmenschen. Als Gutsbesitzer ein brutaler Leuteschinder, wird er sympathisch und zugänglich, sobald er betrunken ist, also in einem Ausnahmezustand, in Momenten, wo er die Verbindungen zu seinem gesellschaftlichen Standort abbricht. Für Shen Te lassen sich Selbsterhaltung und Nächstenliebe nicht vereinen. »Denn wer könnte / Lang sich weigern, böse zu sein, wenn da stirbt, wer kein Fleisch ißt?«

Wie zeigt sich die Gesellschaft im »Guten Menschen von Sezuan«? Die Armen sind böse, weil sie nichts zu essen haben, das alte Thema der »Dreigroschenoper«: »Erst kommt das Fressen, dann kommt die Moral.« Die Reichen sind böse, um zu ihrem Reichtum zu kommen und ihn zu erhalten; sie leisten sich eine Moral, die allerdings nur die Verbrämung ihrer brutalen Gepflogenheiten ist: so ist schimpflich die Weise des Freudenmädchens, aus Armut Liebe zu verkaufen, respektabel dagegen eine Geldheirat, um durch die finanzielle Blutauffrischung einer »guten Partie« das Geschäft zu heben. In beiden Fällen ist die Liebe zur Ware abgesunken unter dem Druck wirtschaftlicher Verhältnisse, in beiden Fällen ist sie Zahlungsmittel, mit dem man arbeitet, sie unterliegt den Gesetzen nach Angebot und Nachfrage, sie bietet oder steigert den Lebensunterhalt. Shen Tes echte Liebe zu dem Flieger

Sun muß unter diesen Umständen als Luxus erscheinen und führt Shen Te in wirtschaftliche und seelische Niederungen. Sie muß erfahren, daß sie mit ihrer Liebe nicht aus dem sozialen und ökonomischen Mechanismus emigrieren kann in ein reines, von alltäglichen Mißständen unbehelligtes Exil. Ihre Liebe zu Sun wird mit Berechnung vergolten, ihre Hingabe mit Ausbeutung. Die Liebe droht in der Dumpfheit der Armut zu ersticken. »Die Liebkosungen gehen in Würgungen über.« Trotzdem:

»Ich will mit dem gehen, den ich liebe.
Ich will nicht ausrechnen, was es kostet.
Ich will nicht nachdenken, ob es gut ist.«

Shen Te kann sich nicht für eine der beiden Existenzmöglichkeiten entscheiden, gut zu sein oder zu leben, da eine die andere ausschließt. So zerfällt sie in die zwei Teile und bittet die Götter um einen Ausweg.

Welcher Art nun sind die Götter? Welche Macht haben sie, welchen Einfluß auf das irdische Geschehen?

Verzweifelt suchen sie, *einen* Menschen zu finden, der gut ist, weil andernfalls die Welt ihre Stimmigkeit verlöre. Ratlos fragen sie sich: »Soll die Welt geändert werden? Wie? Von wem? Nein, es ist alles in Ordnung.« Sie sehen zwar die Unstimmigkeiten der menschlichen Verhältnisse, doch sie sind unfähig, Hilfe zu schaffen. Brecht zeichnet sie bitter komisch. Der erste, der Anführer, ist um die Autorität der Götter besorgt, er vertuscht hastig jede Schwäche. Der zweite gibt sich aufgeklärter, er räumt dem Irrationalen einen geringeren Platz ein; so klärt er den naiv gläubigen Wasserträger Wang auf, daß die Überschwemmungen nicht auf mangelnde Gottesfurcht, sondern auf den brüchigen Staudamm zurückzuführen seien. Der dritte ist gutmütig und sehr human, er fällt jeder menschlichen List zum Opfer. Alle drei sind sich – mehr oder weniger eingestanden – ihrer Sinn- und Nutzlosigkeit bewußt. »Wir sind nur Betrachtende.«

Ihre Kontaktfähigkeit mit den Menschen ist gering. Das zeigt sich auch in der Komposition des Stücks. Die Götter kommen mit den Menschen in Berührung nur im Vorspiel und in der Gerichtsszene am Schluß, dazwischen erscheinen sie in den Zwischenspielen in den Träumen Wangs; hierin berichtet er ihnen aus seiner Sicht die Geschehnisse um ihren guten Men-

schen. Im Vorspiel tauchen sie auf, um der Güte in Form eines Geldgeschenks ein Stimulans zu geben, ohne das sie sich gar nicht realisieren könnte; in der Schlußszene, um sich von der brutalen Wirklichkeit abzusetzen. Sie sind eine Umkehrung des euripideischen »theos apo mechanäs«: dort erscheint der Gott am Schluß als ein von außerhalb des Dramas kommender Löser der Verwirrungen, die durch die Personen innerhalb des Stücks nicht zu lösen sind. Auf der Flugmaschine läßt er sich herab und ordnet die verfahrene Situation. Zwar treten auch hier die Götter von außen heran, doch sie wissen keine Lösung und lassen die Menschen im Stich, sie entfernen sich himmelan auf ihrer rosa Wolke. Lakonisch bewilligen sie Shen Te, bisweilen den Vetter zu rufen, also den Rückfall in die Existenzspaltung, allerdings in kleinen Dosen: »Jeden Monat, das genügt.« Mit einem Preislied auf den guten Menschen von Sezuan in der Art eines lächerlichen Opernschlußchors fahren sie »heim in ihr Nichts«. Es ist das Nichts der Nutzlosen und Schädlinge, in das auch Lukullus verdammt wird (»Das Verhör des Lukullus«).
Diese Götter haben nichts mit dem christlichen Gott zu tun – man hat in ihrer Dreizahl recht oberflächlich eine Parodie auf die Trinität Gottes sehen wollen. Sie sind viel eher eine Personifikation des bürgerlichen Gewissens, das durch eine kleine Geldspende sich selbst zu beschwichtigen sucht, im übrigen aber angesichts der sozialen Mißstände resigniert und vor dem Schlimmsten die Augen schließt. Seine Träger haben sich in der Welt, wie sie ist, trotz einiger Schönheitsfehler recht gut eingerichtet mit der gehörigen Angst vor einer Änderung (»Wie? Von wem? Nein, es ist alles in Ordnung.«), die nur auf dem Weg einer Revolution geschehen könnte. »Wir müssen abdanken, wenn sie (Shen Te) nicht gefunden wird.« Sie sehen das Übel der Welt und reagieren mit Flucht. Sie haben die Welt nicht gemacht, daher können sie ihre Entwicklung nicht verstehen. Nur einige Regeln haben sie zur eigenen Sicherheit aufgestellt, die sich nicht verwirklichen lassen. Sie sind die Inkarnation der veralteten Übereinkunft. Shen Te, die noch an sie glaubt, bittet sie um ein Helfenwollen, nicht sehend, daß sie nicht helfen *können*. Die bittere Frage nach einer Theodizee, gestellt von Shui Ta, alias Shen Te, in einem Zwischenspiel:

»Warum sagen die Götter nicht laut in den obern Regionen
Daß sie den Guten nun einmal die gute Welt schulden?
Warum stehn sie den Guten nicht bei mit Tanks und Kanonen
Und befehlen: Gebt Feuer! und dulden kein Dulden?«

trifft diese drei Popanze nicht. Es ist radikalisiert die Frage des tief verzweifelten Hiob an Gott als einen ernst zu nehmenden Partner, die nie veraltet und die nicht jedem wie Hiob beantwortet wird.

Der Epilog: er wendet sich – wie schon während des Stücks die Spieler an besonderen Stellen – an die Zuschauer. Für *sie* ist gespielt worden, bei ihnen entschuldigt er sich, daß kein »rechter Schluß« gefunden wurde. Die Götter sind geflohen, die Fragen nach einem Ausweg unbeantwortet. »Vorschwebte uns: die goldene Legende«: nach dem Stil der *Legenda aurea* wäre Shen Te durch eine von Wundern umstellte Vita gewandelt vor dem Goldgrund der Heilsgewißheit, sie hätte den finsteren Mächten, den Verkörperungen eines absolut Bösen, getrotzt und wäre verklärt eines Märtyrertods gestorben. Doch Shen Te ist keine Heilige. Ihr Wille zum Guten ist nicht so unbedingt, daß sie selbst sich opfern würde, im Gegenteil: ihr Kind ist ihr das Nächste. »Sohn, zu dir / Will ich gut sein, und Tiger und wildes Tier / Zu allen andern, wenn's sein muß«, verkündet sie angesichts eines hungernden Kindes, das aus der Kehrichttonne ißt. Sie ist Mensch aus Fleisch und Blut und somit allgemein-verbindliche Figur der Parabel, die berichtet, nicht wie der Mensch unter den gezeigten Umständen sich verhalten soll, sondern wie er sich zu verhalten gezwungen wird. Wobei Shen Tes Verhaltensweise noch die bestmögliche ist.

Das Böse, an dem sie scheitert, das sie in die Zwangslage bringt, ihrem Nächsten zu schaden, um sich selbst zu erhalten – es ist kein absolut Böses, es ist nicht ein anonymes, unbeeinflußbares Schicksal, ein Gegebenes, als welches es die Götter hinstellen wollen, wiewohl sie um seine Veränderbarkeit wissen, sondern ein Gewordenes: die kapitalistische Gesellschaftsordnung. Das offenbart sich noch brutaler in einer weniger »goldenen« als blutig-roten »Legende« Brechts, in der »Heiligen Johanna der Schlachthöfe«. Johannas Kampffelder sind Schlachthöfe und Börse der Riesenstadt Chicago, die beherrscht werden von den erbarmungslosen, extremen

Gesetzen der freien Wirtschaft, mit ihren zyklischen Krisen, mit Überproduktion, Marktverstopfung und folgender Arbeitslosigkeit. Ein großes Vernichtungsgemetzel der konkurrierenden Dosenfleischfabrikanten wird ausgetragen auf dem Rücken der hungernden Arbeitermassen, die zu Tausenden ihre Arbeitsplätze verlieren. Schließlich läßt man ihnen ein wenig Luft, damit sie das gestaute Fleisch kaufen können. Um den Preis in der Höhe zu halten, wird das überzählige Fleisch vernichtet. Johanna, die Heilsarmistin, sucht den Arbeitern zu helfen. Sie vollbringt gute Taten, doch sie sieht nicht ein, daß eine Besserung innerhalb der bestehenden Wirtschaftsordnung, die ihr als gegeben erscheint, nicht helfen kann. Sie versagt bei einem Auftrag der Kommunistischen Partei, die Streikenden beim Streik zu halten; damit gewinnen die zeitweise ruinierten Unternehmer wieder Oberhand.

Johanna hört nach ihrem Versagen Stimmen: säkularisierte Visionen der Jeanne d'Arc. Anstelle Gottes die KP, die ihr Vorwürfe macht. Sie hat sich zwar den Tod geholt in den Winternächten bei den Streikenden, doch sie scheute sich, die Ordnung anzugreifen. Sterbend sieht sie es: »Denn nichts werde gezählt als gut, und sehe es aus wie immer, als was/ Wirklich hilft, und nichts gelte als ehrenhaft mehr, als was / Diese Welt endgültig ändert: sie braucht es.« Sie muß sehen, wie sich mit den Unterdrückern verbündet, was ihr teuer war, die Streitmacht Gottes, die Heilsarmee; wie die Kapitalisten die Religion vom unsichtbaren Gott und der Erfüllung im Jenseits mißbrauchen, um den armen Meuternden Sand in die Augen zu streuen. »Darum, wer unten sagt, daß es einen Gott gibt / Und kann sein unsichtbar und hülfe ihnen doch / Den soll man mit dem Kopf auf das Pflaster schlagen / Bis er verreckt ist.« Größter Hohn auf Johanna: sie wird durch die Fleischfabrikanten kanonisiert, die sie als nützliches Symbol der Güte für sich beschlagnahmen. Für ihr Versagen wird sie heilig gesprochen. Aufgabe des Heiligen in der neuen Situation wäre nach Brecht, unheilig zu sein, sich einzulassen mit der Gewalt, denn »es hilft nur Gewalt, wo Gewalt herrscht«, und nicht einfach auf Gott vertrauen, dessen Name hier von seinen müden Streitern kompromittiert und an die Unterdrücker verkauft wird: »es helfen nur Menschen, wo Menschen sind«.

Das direkte Herausschreien der Anklage dieses zehn Jahre früheren, brutalsten und pathetischsten Stücks Brechts fehlt dem »Guten Menschen von Sezuan«, er ist leiser und diskreter, ja, Brecht kokettiert sogar im Epilog mit Ratlosigkeit. Er bietet dem angesprochenen Publikum scheinbar mehrere Möglichkeiten zur Lösung des Dilemmas an:

»Soll es ein andrer Mensch sein? Oder eine andre Welt?
Vielleicht nur andere Götter? Oder keine?«

Das Wörtchen »nur« zeigt, wie irrelevant das »Wie« der Götter ist. Wichtiger ist die Frage nach dem »Ob«. Tragisch sind Figuren wie Shen Te und der Wasserverkäufer, deren echter und intensiver Glaube ihnen zwar hilft, nach dem Gutsein zu trachten, doch auf falsche Objekte sich richtet, die Unechtheit seiner Götter nicht erkennt und das soziale Chaos als gottgewollt ansieht. Der Glaube führt hier zu einem zwiespältigen Tun: er ist die Basis für die Anlage zum Gutsein, aber er lähmt die Initiative, eine soziale Lage herzustellen, in der erst das Gutsein sich verwirklichen läßt.

Ein andrer Mensch? In dem Stück gab es verschiedenerlei Menschen, guten und bösen Charakters – doch sie alle standen unter dem Gesetz »gut sein oder leben«. Lakonisch meint schon der Bettlerkönig Peachum in der »Dreigroschenoper« (1928):

»Ein guter Mensch sein? Ja, wer wär's nicht gern?
Doch leider sind auf diesem Sterne eben
Die Mittel kärglich und die Menschen roh.
Wer möchte nicht in Fried und Eintracht leben?
Doch die Verhältnisse, sie sind nicht so.«

Die wahre Antwort, die Brecht seinem Publikum gibt, ist: »eine andre Welt«, andere »Verhältnisse«. Von den verschiedenen Lösungsmöglichkeiten, die ihm angeboten werden, kann das Publikum, nachdem es das Stück gesehen hat, nur diese als erfolgreich ansehen.

Das Stück scheinbar ohne Lösung zu lassen, ist ein geschickter Kunstgriff, es erhält so die Dynamik des Fragments. Mit stärkerer Intensität bewirkt es eine Auseinandersetzung des Zuschauers mit den gestellten Problemen, als wenn ihm ein abgerundetes Drama sich darböte. So ruft es sein Unbehagen an der Ergebnislosigkeit wach, stachelt ihn an, das scheinbar Unlösbare zu lösen. Das Fragment entspricht darin der syntaktischen Figur der Ellipse, die nicht vollendet in sich ruht, sondern dynamisch den Leser oder Hörer auffordert, das fehlende Glied zu ergänzen. Auch sie läßt ihm keine freie Wahl der Ergänzung, sondern impliziert diese schon in der Weise ihrer Formulierung. Das scheinbar schlußlose Ende stellt sich somit wirkungsvoll in den Dienst der didaktischen Dichtungsform der Parabel.

Soweit die realisierte Absicht Brechts, durch eine Pseudoratlosigkeit eine fertige Antwort zu kaschieren. Doch ist seine marxistisch-optimistische Antwort die restlose Lösung der Probleme? »Eine andre Welt« heißt für ihn eine andere Gesellschaftsordnung. Die dargestellte, bisherige, ist zu ändern. Diese unausgesprochene Antwort ist vom Publikum, dem potentiellen deus ex machina, anzunehmen. Daß mit der Änderung der bestehenden Gesellschaftsordnung eine Besserung eintreten wird, ist schwerlich von der Hand zu weisen. Besserung der Umstände, doch nicht Behebung des Dilemmas; denn Welt ist nicht gleich Gesellschaftsordnung, der Mensch nicht nur zoon politikon. Der Zuschauer fragt sich also: Ist die Alternative »gut sein oder leben« an die kapitalistische Gesellschaftsordnung gebunden? Der Unterschied zwischen ihr und anderen könnte vielleicht nur gradueller, nicht qualitativer Art sein. Diese Fragen geben dem Epilog – von Brecht gewollt oder nicht – den Zug einer echten Ratlosigkeit. Damit bricht sich die Gebärde der Uneigentlichkeit noch einmal. Der Schein wird wiederum scheinbar. Doppelte Negation entsteht. Die rhetorischen Fragen werden zu echten. Die versteckt angebotene Lösung wird dadurch nicht entkräftet, doch sie entpuppt sich als Teillösung. Die Frage nach der Ganzlösung bleibt offen.

Auffällig ist die Häufigkeit von Gerichtsszenen bei Brecht, auffälliger noch ihr meist unrechtlicher oder fiktiver Charakter. Brecht attackiert damit die Gerichtsbarkeit der heutigen Gesellschaft, deren Rechtlichkeit er bezweifelt. Er wirft der Rechtsprechung vor: ihre Gesichtspunkte entsprechen nicht der historischen und gesellschaftlichen Lage; denn sie halten nicht genügend auf den Einzelfall und seine sozialen Bedingungen ein. Sie ist in Händen jener gesellschaftlichen Schicht, deren Wohl und Weh abhängt vom Bestand des sozialen Gefüges, das die Hauptschuld an den Vergehen trägt.

Spezielle Delikte dieser Rechtsprechung: willkürliche Festsetzung des Gewichtigkeitsgrades von Vergehen nach dem Interesse der Kläger und Richter in »Aufstieg und Fall der Stadt Mahagonny«: der Mörder wird freigesprochen, zum Tod verurteilt wird der, der kein Geld hat; denn die Richter sind seine Gläubiger.

Das Gericht in Sezuan hat ebenfalls das Signum der Fragwürdigkeit. Nicht kompetente Richter sitzen auf Grund ihrer Gesetze zu Gericht über einen Menschen, der schlecht war, um gut sein zu können. Statt die Wahrheit aufzudecken, was das Volk, der Kläger, wünscht, vertuschen sie sie. Den Angeklagten dürfen und können sie nicht verurteilen, sie müßten denn sich selbst richten.

Wie sehen nun die Gerichte aus, die Brecht dagegen setzt? Da ist einmal das Gericht in der Unterwelt, welches den römischen Feldherrn Lukullus verhört. Die Schöffen sind Verstorbene, Menschen aus dem Volk, Vertreter einfacher Berufe. Sie sind unbestechlich, haben keine menschlichen Emotionen mehr, und doch läßt sich nicht sagen, sie seien ganz unparteiisch; denn ihre ehemalige gesellschaftliche und berufliche Stellung formt ihre Denk- und Frageweise. Sie wägen nach dem Gesichtspunkt: »Nützte er den Menschen oder nicht?« Lukullus wird verurteilt. Die Waagschale mit 80 000 Toten, die durch ihn umkamen, läßt die andere Schale der guten Taten (Einführung des Kirschbaums in Rom) hochschnellen. Den Kriegstaten, den Eroberungen von Ländern, den Siegen über Heere, der Gefangennahme von Königen, wird ihre metaphysische Draperie »zu Ehren Roms« heruntergerissen, es bleibt die Frage nach dem menschlichen Nutzen. Unmenschliche, »irrationale« Devisen, die nur Macht- und Geldgier verdecken, zählen nicht mehr.

Der andere Fall eines positiven Gerichtes ist der des Volksrichters Azdak aus dem »Kaukasischen Kreidekreis«, der mit dem Instinkt und der Weisheit, doch ohne das Ressentiment des Getretenen seine Sprüche fällt. Seine Entscheidungen sind mehr human als juristisch, scheinbar willkürlich, doch treffend und ein Halt in der chaotischen Zeit des Kriegs. In dem berühmten Urteil des Kreidekreises spricht Azdak das Kind der Magd zu, die es liebt und rettete, nicht der fürstlichen Mutter, die es verließ. Das humane Band ist stärker als das des Blutes.

Die thematische und szenische Figur des Gerichtsprozesses beschränkt sich nicht allein auf Teile der Brechtschen Stücke, mitunter prägt sie die Gestalt eines ganzen Stückes. So in den Parabeln, die szenisch sukzessiv den Beweis für eine aufgestellte These führen, ihre Stichhaltigkeit optisch realisieren.

»Mann ist Mann« (1926) gibt die Geschichte des harmlosen Packers Galy Gay, der auszieht, einen Fisch für den Mittagstisch einzukaufen, aber nicht nachhause zurückkehrt, sondern in einen blutrünstigen Soldaten verwandelt wird. Die zu beweisende These wird hier aufgestellt vor dem Höhepunkt der Verwandlung des »Helden« in einen Helden. Bis dahin verläuft die Komödienhandlung einfach und heiter, ohne ersichtliche Problematik: bei einem unerlaubten Abenteuer, dem Einbruch in eine Pagode, ist den englischen Kolonialsoldaten einer MG-Abteilung der vierte Mann abhanden gekommen. Um nicht bestraft zu werden, müssen sie schnellstens die Lücke ausfüllen. Sie beschließen, den Packer Galy Gay in einen Soldaten zu verwandeln. Daß dies gelingt, ist die These der Parabel, gesprochen von der Kantinenwirtin Begbick im achten Bild in einem Zwischenspruch an das Publikum:

»Herr Bertolt Brecht behauptet: Mann ist Mann.
Und das ist etwas, was jeder behaupten kann.
Aber Herr Bertolt Brecht beweist auch dann
Daß man mit einem Menschen beliebig viel machen kann.
Hier wird heute abend ein Mensch wie ein Auto ummontiert
Ohne daß er irgend etwas dabei verliert . . .«

Die Ummontage des Galy Gay geschieht in fünf Abteilungen, die dem Publikum deutlich voneinander abgesetzt serviert und jeweils am Anfang wie eine Zirkusattraktion angekündigt werden. Den Gay reif zu machen für ihre Pläne, bringen die Soldaten ihn in eine Zwangslage, in der er bereit ist, seine Personalität zu verleugnen und wie einen Rock gegen eine andere umzutauschen. Nummer Eins und Zwei der Show, in der die These Gestalt annimmt, verwickeln ihn in ein fingiertes Verbrechen. Nummer Drei zeigt die Verurteilung zum Tode. Nummer Vier die fingierte Vollstreckung, bei der Gay in Ohnmacht fällt, und Nummer Fünf die Leichenrede des nunmehr Verwandelten auf die scheinbare Leiche seiner selbst. Das szenische Exempel erweist die Stichhaltigkeit der These »Mann ist Mann«: die Fungibilität zählt, nicht die Personalität. Der Mensch ist austauschbar. Sein Wert ist seine Verwertbarkeit.

Auch das Stück vom »Guten Menschen von Sezuan« ist in seiner Gesamtheit eine Demonstration der hier schon im Vorspiel, erstmals von den Göttern, formulierten These vom Nicht-gut-sein-Können der Menschen. Im Verlauf der Handlung erweist sich Stück für Stück die These als Wahrheit, kulminierend in der Bilanz der Schlußszene. Sie wird aufgestellt und erörtert im Vorspiel und in den Zwischenspielen, in den Hauptszenen mit konkreten Situationen verknüpft und so durch die Wirklichkeit erhärtet. Am Anfang Behauptung, am Ende das unumstößlich bewiesene Ergebnis aus dem »So ist es« der Parabel, welche sich deutlich als ein Gegenüber zum Publikum erweist, auf das sie ihre didaktischen Pfeile abschießt.*

* Die Studie von Volker Klotz über Brechts Stück *Der gute Mensch von Sezuan* liegt inzwischen in einer überarbeiteten Fassung vor, auf die wir erst kurz vor Drucklegung unseres Bandes aufmerksam wurden. Sie enthält einige wichtige Textänderungen. *Herausgeber und Verlag.*

Fritz Hennenberg
Über die dramaturgische Funktion der Musik Paul Dessaus

Der Konkurrenzkampf, typisch für die bürgerlich-kapitalistische Gesellschaft, macht das Leben zum Existenzkampf. Alle kämpfen gegen alle. Derjenige, der glaubt, die Wunden, die da geschlagen werden, lindern zu können, wird von den Kämpfenden zerrieben. Den Kampf beschwichtigen zu wollen ist sinnlos – seine Ursachen müssen beseitigt werden. Das heißt, das Verhältnis der Menschen zueinander, das Gesellschaftssystem, muß verändert werden.
Das Stück »Der gute Mensch von Sezuan« diskutiert die Frage, ob die Schlechtigkeit der Menschen charakterlich oder gesellschaftlich begründet ist. Die Antwort bleibt offen, aber nur scheinbar; der Zuschauer findet sie: nicht verdirbt der schlechte Charakter die Welt, sondern die schlechte Welt den Charakter.
Das wird an einem Modellfall demonstriert. Shen Te, der »gute Mensch von Sezuan«, möchte gut sein, aber sie kann es nicht. Ihre Güte fordert einen Preis, der sie aufhebt: »Die Schlechtigkeit war eine Kehrseite der Güte. Gute Taten waren nur zu ermöglichen durch schlechte Taten ...«[1] Shen Te – die Güte in Person – muß sich zeitweilig in Shui Ta – die Härte in Person – verwandeln, aus dem »Engel der Vorstädte« muß die »Geißel der Vorstädte«[2] werden, damit der »gute« Mensch zeitweilig gut sein kann, ja, damit er seine nackte Existenz rettet. Aber dieses Doppelleben ist keine Dauerlösung, es verstrickt in schwere Konflikte. Shen Te sieht schließlich keinen Ausweg mehr, und auch die Götter, die sich ins »Ökonomische« nicht einmischen dürfen, die nur »Betrachtende« (und also ziemlich unnütz) sind, können ihr keinen weisen. Der Epilog appelliert an den Zuschauer, einen Ausweg zu suchen. Daß er ihn auch findet, bewirkt die Füh-

1 Brecht, Bertolt: Siehe S. 100 dieses Bandes.
2 Ebenda.

rung der Fabel.[3] Es gibt nur *einen* Ausweg: die ökonomischen Verhältnisse zu verändern, die Expropriateure zu expropriieren.[4] Dann ändern sich auch Moral und Ethik, dann kann der Mensch menschlich sein. Die Handlung begibt sich im vorrevolutionären China. Der ferne Handlungsort steht »für alle Orte, an denen Menschen von Menschen ausgebeutet werden«.[5] »Der gute Mensch von Sezuan« ist ein Parabelstück, das ein aktuelles Problem in sich birgt. Die örtliche Ferne soll das Problem nicht entfernen, sondern gerade näherrücken. In fremdartiger Umgebung erregt es mehr Aufmerksamkeit, wird es neugieriger untersucht.

Die inhaltlich-formale Konzeption der dramatischen Ebene spiegelt sich in der der reflexiven. Die Reflexionen sind teils Gesänge, teils Melodramen, teils reine Sprechpartien. Die meisten der Gesänge bedienen sich – wie das Stück im ganzen – der parabolischen Umschreibung.[6] Es werden Teilaspekte des Gesamtproblems behandelt. Die Parabelform verrät ein Über-der-Sache-Stehen. Die handelnden Personen sind zu sehr in die Sache verstrickt, als daß sie sich von ihr distanzieren könnten. Die Hintergründe der Probleme sind ihnen verschlossen, sie vermögen nicht von sich aus lehrhaft zu verallgemeinern (Tendenz jeder Parabel). Die Parabel ist ein Autorenkommentar, auch wenn sie sich scheinbar ganz dem Problemkreis der handelnden Personen einfügt. Die Zuspitzung der Probleme – oft so provozierend, daß ihre Lösung einsichtig wird – verrät das.

Das »Lied vom Sankt Nimmerleinstag« wird von der Handlungssituation motiviert, aber es spiegelt sie in Parabeln wider und gibt ihr somit weiterreichende, allgemeine Geltung. Yang Sun, ein stellungsloser Flieger, will mit Shen Te Hochzeit halten. Doch erst dann soll sie sein, wenn ihr Vetter ihm Geld verschafft hat. Sun braucht es: um wieder fliegen zu

3 Vgl. Wirth, Andrzej: *Über die stereometrische Struktur der Brechtschen Stücke.* In: *Sinn und Form,* Zweites Sonderheft Bertolt Brecht, Berlin 1957, S. 374.

4 Vgl. Jusowski, Josef: *Bertolt Brecht und sein »Guter Mensch«.* In: *Sinn und Form,* Zweites Sonderheft Bertolt Brecht, Berlin 1957, S. 213.

5 Bertolt Brecht: *Der gute Mensch von Sezuan.* In: *Gesammelte Werke,* II, S. 4*.

6 Vgl. Hinck, Walter: *Die Dramaturgie des späten Brecht.* Göttingen 1959, S. 42.

können, muß er den Hangarverwalter bestechen. Die Trauung findet nicht statt, denn der Vetter bleibt aus. Er kann ja – als Shen Tes zweites Ich – gar nicht kommen. Die Hochzeitsgäste, des langen Wartens müde, gehen nach Hause. Als alle gegangen sind, singt Sun, so tuend, als seien sie noch da, ein Lied. In Wahrheit ist natürlich der Zuschauer der Adressat.[7] Das Lied zeigt Suns Resignation und verallgemeinert sie: So wie er vergeblich aufs Kommen des Vetters hofft, so vergeblich sind die Hoffnungen der Menschen auf eine bessere, gerechte Welt. Am »Sankt Nimmerleinstag« – niemals also – werden sie sich erfüllen. Der billige Trost bürgerlicher Ideologien wird verspottet. Der Text spielt auf den religiösen »Überbau« an, Musik und Interpretation auf den künstlerischen.

In Benno Bessons Berliner Inszenierung (1957) trug Ekkehard Schall das Lied als Operettennummer vor. Er zog zu Beginn jeder Strophe seine Lippen gewaltsam zu einem zerquälten Keep-smiling zurecht, dadurch den besänftigenden Zweckoptimismus als heuchlerisch entlarvend. Beim Refrain, der die Enttäuschung aller Hoffnungen verheißt, wurde die heitere Maske schlagartig abgestreift. Gleichwohl blieb die gestische Parodie gewahrt: Schall schlitterte in grotesk-primitiven Tanzschritten, wie man sie in Operettenschmieren sieht, über die Bühne. Die Ausgelassenheit, nun durch nichts mehr gerechtfertigt, wirkt krampfig, und sie soll es: sie ist ja verlogen. Die Operette wird als Institution der bürgerlichen Ideologie hingestellt. Sie schafft bewußt Illusionen, um vom alltäglichen Elend (und der Möglichkeit seiner Überwindung) abzulenken. Die parodistische Interpretation wird von der Musik nahegelegt, die im »Coupletstil«[8] gehalten ist. Möglich, daß der Kabarettist Georg Reutter hier Pate gestanden hat. Wie in Reutters Couplets wird der Text parlandohaft, streng silbisch deklamiert; er wird gleichsam abgeschnurrt. Er ordnet sich, widersinnigerweise, den Deklamationsformeln unter, und nicht umgekehrt. Das deklamatorische Maß sind monotone Achteltriolen:

7 Vgl. ebenda, S. 43.

8 Dessau, Paul: *Musik zu »Der gute Mensch von Sezuan«* (Partitur). Berlin o. J., S. 38. Schon die Versstruktur entspricht der im Couplet üblichen: die zweite Zeile des Refrains nimmt jeweils auf eine Zeile der Strophen Bezug.

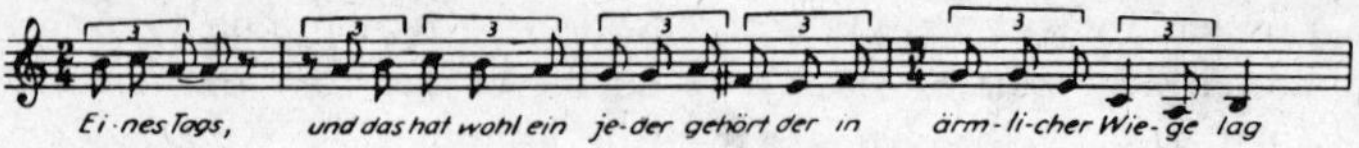

Das Vorspiel hat, wie im Couplet üblich, die Funktion eines Mottos. Das gilt hier für den Ausdruck wie für die Motivik.

Das »Lied vom Rauch« ähnelt in seiner inhaltlichen Konzeption dem vom »Sankt Nimmerleinstag«. Beide sind von einer »totalen Resignation durchwaltet«[9], aber das Publikum soll die Resignation sich nicht zu eigen machen. Sie resultiert aus einem sozialen Mißstand und sie führt zur Schlechtigkeit, hilft also den Mißstand, vergrößern.[10] Die Ursache der Resignation muß beseitigt werden, das heißt, der soziale Mißstand.

Das »Lied vom Rauch«, das von der bei Shen Te einquartierten Familie vorgeblich zur »Unterhaltung« ihrer Gastgeberin gesungen wird, in Wahrheit aber dem Publikum gilt, beweist anhand der Aussagen des Großvaters, des Mannes und der Nichte – dreier Generationen also –, daß das Leben dem Armen keine Lebensmöglichkeit gibt. Wie er sich auch drehen und wenden mag: Ob er sich um Klugheit, Fleiß, Redlichkeit bemüht oder es mit dem »krummen Pfad« versucht – er kommt unter die Räder. Übrig bleibt die Resignation: So eben ist die Welt, nie wird sie sich ändern; das offenstehende Tor, das der Jugend verhießen wird, führt ins Nichts; wie der Rauch vergeht, spurlos und ohne Ziel, so vergeht der Mensch. Nach dem Lied kommt es zu einer Schlägerei. Das Publikum weiß – das Gesungene auf das Geschehen beziehend – um ihre tieferen Gründe.

Die Parabel, die das »Lied vom achten Elefanten« formuliert, ist auf den Arbeiterverräter Yang Sun gemünzt. Sein Avancement zum Aufseher gründet sich auf die Denunzia-

9 Hinck, Walter: *Die Dramaturgie des späten Brecht.* Göttingen 1959, S. 45.
10 Vgl. ebenda, S. 46.

tion seiner Klassenbrüder. Vom Unternehmer gekauft, schindet er die Arbeiter bis aufs Blut, um seine »Befähigung« zu beweisen. Er »rationalisiert« die Arbeitsvorgänge, indem er ein mörderisches Taktsystem einführt.

Suns Mutter schildert diesen »Aufstieg« in drei szenischen Rückblenden. Daß ihr Sohn auch Anfeindungen und Schmähungen erlitt, zeigt die letzte davon. Es singen da die Arbeiter ein parabolisches Lied, das von acht Elefanten handelt. Sieben Elefanten werden gezwungen, den Wald des Herrn Dschin zu roden – das sind die Arbeiter; der achte, zahme, beaufsichtigt sie, treibt an und erhält dafür mehr Futter – das ist ihr Aufseher. Yang Sun, auf seine Machtposition bauend, überhört den angreiferischen Unterton des Liedes; er benutzt es vielmehr zur rationellen Rhythmisierung der Arbeit. Er holt den Arbeitsrhythmus aus dem Rhythmus der Musik. Er fällt in der dritten Strophe lachend in den Refrain ein und beschleunigt in der letzten das Tempo – das des Liedes und damit zugleich das der Arbeit.

Das »Lied des Wasserverkäufers im Regen« ist fest in die dramatische Ebene verstrebt. Der Wasserverkäufer preist – und zwar in der Ich-Form – seine Ware an. Er bedient sich keiner parabolischen Umschreibungen. Gleichwohl wirkt das Lied als »Einlage«, und das Publikum fühlt sich direkt angesprochen. Denn die Handlungsfigur zitiert hier kein bekanntes Lied, sondern teilt sich singend mit. Gesungene Mitteilungen aber setzen sich vom realistischen Dialog notwendigerweise ab, werden als künstlerische Überhöhungen empfunden, zeigen einen Funktionswechsel an. Zudem will das Lied, mag es auch Handlungsprobleme nicht parabolisch, sondern direkt widerspiegeln, dennoch als Parabel verstanden sein – so wie ja die ganze Handlung. Der Wasserverkäufer kann im Regen seine Ware nicht absetzen. Seine Klagen lenken auf einen grundlegenden ökonomischen Widerspruch des Kapitalismus. Der zu reichliche Segen der Natur bringt denjenigen, der mit ihm handelt, in Konflikte, weil dadurch der Handelswert sinkt. Es entsteht eine Überproduktionskrise. Gegen sie ankämpfen heißt – für die kapitalistische Ökonomie – den Marktpreis durch Vernichtung der preisdrückenden Überprodukte zu stützen. Also wird Kaffee ins Meer geschüttet, Weizen verheizt. Und das, obgleich die Bedürfnisse der Konsumenten danach keineswegs gestillt sind. Eine Verbilligung der Waren aber zöge eine Senkung der Profitrate nach sich. Das »Lied des Wasserverkäufers im Regen« weist auf die Problematik einer Überproduktionskrise, obwohl sie hier auf ganz anderer Ebene liegt. Der Wasserverkäufer hat Wasser von weither geschleppt, doch der Regen verhindert den Verkauf. Der Regen fällt überall hin; derjenige, der zur Regenzeit mit Wasser handelt, wird Opfer einer Krise. Der Wasserverkäufer kann sich nicht, wie der Großkapitalist, auf Kosten der Konsumenten dagegen absichern; er kann nur davon träumen, daß der Regen jahrelang ausbliebe: würde doch dann sein Handelsprodukt im Wert steigen. Ihm bedeutet der Segen der Natur das Elend.

Das Lied ist in der dritten und neunten Szene vorgeschrieben. In der Pantomime der Shen Te dient seine Melodie als Erkennungszeichen des (hier imaginären) Wasserverkäufers. Es hat gleichsam leitmotivische Funktionen. Es bindet sich auch dadurch fest an die dramatische Ebene, doch gehört es nicht ihr allein zu. Nirgends kann es verleugnen, daß es eine »Einlage« ist.

Außer den Liedern gibt es im »Guten Menschen von Sezuan« viele Reflexionen, die ihre Funktion nicht kaschieren, das heißt, die sich nicht aus der Handlung begründen, sondern sie jäh unterbrechen, die sich nicht an fiktive Szenenpartner richten, sondern ohne alle Umschweife ans Publikum. Es kommentiert da gleichsam ein »Erzähler«, aber seine Aufgaben sind »in die Personen selbst verlegt«.[11]

Inhaltlich gesehen, ist – wie Hinck nachwies – all diesen »Publikumsansprachen« gemeinsam, daß sie »die Handlung auf ihre sozialethischen Fragen hin entschlüsseln«.[12] Ihre Form bedient sich prosaischer wie poetischer Sprachmittel. Doch herrscht Versifizierung vor. Obwohl das »uneigentliche« Sprechen schon ein Verfremden bedeutet, kommt oft obendrein noch Musik hinzu.

Von den »prosaischen« Publikumsansprachen ist nur eine ein Melodram, die poetischen sind es allesamt. Dem Verhältnis von Text und Musik nach sind zwei Typen zu unterscheiden.

11 Klotz, Volker: *Bertolt Brecht*. Darmstadt 1957, S. 64.

12 Hinck, Walter: *Die Dramaturgie des späten Brecht*. Göttingen 1959, S. 71. Hinck unterscheidet fünf Inhaltsgruppen (vgl. ebenda, S. 64–72).

Meistens werden nur am Anfang und Ende jeder Verszeile musikalische Interjektionen gesetzt. Daß, wie im Melodram normalerweise üblich, der Text zur Musik gesprochen wird, kommt seltener vor. Der Deklamationsrhythmus ist teils dem Interpreten anheimgestellt, teils fest fixiert.[13]

Die Musik interpretiert den textlichen Gehalt. So unterschiedlich dieser ist, so unterschiedlich sind ihre Ausdruckscharaktere. Jene Publikumsansprache, in der Shen Te versichert, daß sie ihrem Geliebten folgen werde, was auch immer geschehen möge, gleicht – ihrer musikalischen Thematik nach – einem schlichten Liebeslied. Die Melodie ist in einzelne Abschnitte zerlegt, zwischen denen die Verszeilen deklamiert werden:

13 Das »Arioso« der Shen Te legt Rhythmus und Tonhöhe fest. Es fiele also eigentlich unter die rezitativischen Formen; doch verlangt Dessau ausdrücklich, daß der »Tonfall« hier »zwischen Sprechen und Singen« liegen solle. Das Stück sei »wie ein Melodram« zu behandeln. Der Deklamationston »d« sei nur »eine Andeutung«, er solle »klar machen, daß auf Variabilität im Vortrag kein Wert gelegt wird«. (Dessau, Paul: *Musik zu »Der gute Mensch von Sezuan«* [Partitur]. Berlin o. J., vor S. 1 [Ausführungshinweise]).

Den volksliedhaft-chinesischen Intonationen eignet Gefühlswärme und Geborgenheit. Dort hingegen, wo die Unmenschlichkeit der Menschen angeprangert wird, ist die Musik kalt und hart. Es fehlt da jede melodische Versinnlichung, nur das Schlagzeug setzt Akzente zur starren Deklamation:

Oft deutet die Musik das Wort nicht nur affekthaft, sondern auch tonmalerisch aus, wie in folgendem Beispiel, wo dem »Wachsen der Anstrengung« das Höherklettern des Klarinettenmotivs entspricht:

Die Motivik ist meistens aphoristisch, das heißt von geringer formbindender Kraft. Dennoch schafft Dessau in sich gerundete Miniaturformen, nämlich durch konstruktive Verstrebungen. Im folgenden Beispiel wird ein Motiv-Aphorismus, aufgestellt von der Klarinette, sogleich von der Flöte imitiert, und zwar in der Umkehrung:

An anderer Stelle spiegeln sich in der Klarinette Motive der Flöte in Engführung (Einsatzabstand: übermäßige Oktav):

Im ersten Melodram kommen zwei Motive vor. Das eine lautet:

Zu Beginn aufgestellt, wird es im zweiten Zwischentakt umgekehrt:

Das andere Motiv

erscheint im ersten Zwischentakt in seiner Grund- und im zweiten in seiner Umkehrungsform:

Solche Korrespondenzen wirken vereinheitlichend; sie geben selbst dieser ausgesprochen »dienenden« Musik einen gewissen ästhetischen Eigenwert.

Anhang

Daten zu ›Der gute Mensch von Sezuan‹

1926	Gedicht »Matinee in Dresden«[1] mit dem Motiv der drei Götter, die in eine Stadt kommen und dort nichts zu essen bekommen
1927	Plan für »Fanny Kress«: Eine Hure verkleidet sich als Tabakhändler
1930	Notizen für »Die Ware Liebe«, Ur-Fassung des Stücks
März 1939	Beginn der Arbeit an dem Stück, nun unter dem Titel »Der gute Mensch von Sezuan«
September 1939	Umarbeitung des Stücks
Sommer 1940	Erneute Umarbeitung des Stücks (finnische Fassung)
Januar 1941	Gedichte für »Der gute Mensch von Sezuan«, Umarbeitung mit Veränderung der Namen. Brecht widmet das Stück Helene Weigel.
4. Februar 1943	Uraufführung des Stücks in der Schweiz / Regie: Leonard Steckel, Bühnenbild: Teo Otto, Shen Te: Maria Becker

1 In: *Gesammelte Werke*, IV, S. 158 f.

Aufsätze über ›Der gute Mensch von Sezuan‹[1]

Beckmann, Heinz
Brecht oder der tragische Mensch
in: Nach dem Spiel, Theaterkritiken
Albert Langen/Georg Müller, München/Wien 1963, S. 133–136

Bräutigam, Kurt
Bertolt Brecht, Der gute Mensch von Sezuan
R. Oldenbourg Verlag, München 1966 (Interpretationen zum Deutschunterricht)

Crumbach, Franz Hubert
Der gute Mensch von Sezuan
in: Die Struktur des epischen Theaters, Dramaturgie der Kontraste, Waisenhaus-Buchdruckerei und Verlag, Braunschweig 1960, S. 203–213

Erpenbeck, Fritz
Brechts Spielweise variiert
in: Theater der Zeit, Berlin, H. 12, 1957, S. 34–39

Fahlbusch, Wilhelm
Der entfremdete Mensch / Eine Studie zu Bert Brechts »Der gute Mensch von Sezuan«
in: Monatsschrift für Pastoraltheologie zur Vertiefung des gesamten pfarramtlichen Wirkens, 48. Jg., H. 1, Jan. 1959, Vandenhoeck & Ruprecht, Göttingen

Hensel, Georg
Der Dichter und der Doktrinär, Brechts »Der gute Mensch von Sezuan« in Frankfurt
in: Neue literarische Welt, Darmstadt, 25. Nov. 1952, S. 7

Lan, Franz
Bert Brecht und Luther, Ein Versuch der Interpretation des »Guten Menschen von Sezuan«
in: Luther-Jahrbuch 1962, Friedrich Wittig Verlag, Hamburg, S. 92–109

Melchinger, Siegfried
Die Stadt Sezuan
in: Sphären und Tage, Leibniz-Verlag, Hamburg 1962, S. 65–76

1 Das Verzeichnis berücksichtigt nicht die in diesem Band abgedruckten Beiträge.

Treiber, Rudolf
»Der gute Mensch von Sezuan« von Bert Brecht
in: Die Volksbühne, Blätter der Hamburger Volksbühne, 14. Jg., Heft 2, September 1963, S. 26 ff.

Werner, Herbert
Unsere Gesellschaftsordnung im Spiegel
in: Die Stimme der Gemeinde, Stuttgart, 6. Jg., Nr. 18, 15. Sept. 1954, S. 424–426

Verzeichnis der Aufführungen von ›Der gute Mensch von Sezuan‹

Besetzung der Uraufführung am Schauspielhaus Zürich (Premiere: 4. Februar 1943)

Musik: Huldreich Georg Früh
Regie: Leonard Steckel
Bühnenbild: Teo Otto
Technische Leitung: Ferdinand Lange

1. Gott	Ernst Ginsberg
2. Gott	Fritz Delius
3. Gott	Herman Wlach
Shen Te	Maria Becker
Wang, ein Wasserverkäufer	Heinrich Gretler
Die Witwe Shin	Mathilde Danegger
Eine achtköpfige Familie	
Großvater	Eugen Jensen
Mann	Lukas Ammann
Frau	Angelika Arndts
Bruder	Enzo Ertini
Schwägerin	Erika Pesch
Neffe	Klausheinrich Steiger
Nichte	Ali Graeter
Junge	Otto Dornbierer
Der Schreiner Lin To	Erwin Parker
Ein Arbeitsloser	Robert Bichler
Die Hausbesitzerin Mi Tzü	Therese Giehse
Der Barbier Shu Fu	Kurt Horwitz
Yang Sun, ein stellungsloser Flieger	Karl Paryla
Frau Yang, seine Mutter	Ellen Widmann
Der Polizist	Emil Stöhr
Der Teppichhändler	Karl Delmont
Seine Frau	Traute Carlsen
Der Bonze	Arnold Müdespacher
Der Kellner	John E. Schmid
Eine Prostituierte	Lee Ruckstuhl
Kind des Schreiners	Dorli Zäch
Arbeiter, Passanten, Verkäufer usw.	

Besetzung der Aufführung an den Städtischen Bühnen Frankfurt am Main
(Premiere: 16. November 1952)

Musik: Paul Dessau

Inszenierung: Harry Buckwitz
Bühnenbild und Kostüme: Teo Otto
Musikalische Einstudierung: Walther Knör

Personen

Die drei Götter	Heinrich Troxbömker
	Konrad Georg
	Siegfried Nürnberger
Shen Te/Shui Ta	Solveig Thomas
Yang Sun, ein stellungsloser Flieger	Arno Assmann
Frau Yang, seine Mutter	Hilde Westermann
Wang, ein Wasserverkäufer	Otto Rouvel
Der Barbier Shu Fu	Ernstwalter Mitulski
Die Hausbesitzerin Mi Tzü	Anita Mey
Die Witwe Shin	Elisabeth Kuhlmann
Der Schreiner Lin To	Kurt Dommisch
Der Polizist	Fritz Saalfeld
Der Arbeitslose	Karl Lieffen
Die achtköpfige Familie	
Der Mann	Werner Siedhoff
Die Frau	Ellen Daub
Der Neffe	Rudi Schmitt
Der Bruder	Otto Knur
Die Schwägerin	Else Graetz
Die Nichte	Elisabeth Wiedermann
Der Großvater	Adolf Knab
Der Junge	Peter Zeiller-Schultheis
Die alte Prostituierte	Magdalena Stahn
Der Teppichhändler	Karl Luley
Seine Frau	Anny Hannewald
Der Bonze	Herbert Pohle
Der Kellner	Claus A. Landsittel
Einwohner von Sezuan	

Besetzung der Aufführung am Berliner Ensemble (Premiere: 5. Oktober 1957)

Musik: Paul Dessau

Regie: Benno Besson
Ausstattung: Karl v. Appen
Musikalische Leitung: Hans-Dieter Hosalla
Musikalische Einstudierung: Iva Besson
Technische Leitung: Walter Meier

Erster Gott	Ernst-Otto Fuhrmann
Zweiter Gott	Heinz Schubert
Dritter Gott	Georg August Koch
Wang, Wasserverkäufer	Gert Schaefer
Shen Te	Katrin Reichel
Sun, ein arbeitsloser Flieger	Ekkehard Schall
Frau Yang, seine Mutter	Anneliese Reppel
Shu Fu, Barbier	Peter Kiwitt
Frau Mi Tzü, Hausbesitzerin	Charlotte Brummerhoff
Witwe Shin	Agnes Kraus
Polizist	Martin Flörchinger
Arbeitsloser	Günter Naumann
Schreiner Lin To	Harry Gillmann
Großvater	Wolfram Handel
Der Mann	Erich Franz
Die Frau	Betty Loewen
Der Bruder	Wolfgang Lohse
Die Schwägerin	Elsa Grube-Deister
Der Neffe	Fritz Hollenbeck
Die Nichte	Barbara Berg
Die Teppichhändlerin	Annemarie Schlaebitz
Der Teppichhändler	Horst Wünsch
Die alte Prostituierte	Bella Waldritter
Bonze	Axel Triebel
Kellner	Aribert Grimmer
Freier	Nico Turoff

Aufführungen

4. 2. 1943	Schauspielhaus Zürich R.: Leonard Steckel, B.: Teo Otto Sh.: Maria Becker
21. 3. 1945	Studententheater Uppsala R.: Anders Ångström Sh.: Barbro Nordin
29. 3. 1946	Theater in der Josefstadt Wien R.: Rudolf Steinboeck, B.: Lois Eggs Sh.: Paula Wessely
16. 3. 1948	Hamline University Theatre St. Paul/Minn. R.: James R. Carlson
2. 11. 1948	Eldred Theatre Cleveland/Ohio R.: Nadine Miles, B.: Henry Kurth Sh.: Katy Watson
26. 11. 1948	University of Minnesota Theatre Minneapolis R.: David W. Thompson, B.: Orville K. Larson Sh.: Vicki Norman/Verna Fredrickson
1. 4. 1949	University of Hawaii, Farrington Hall Honolulu/T.H. R. u. B.: Earle Ernst
27. 4. 1949	Vassar College Poughkeepsie/N.Y. R.: Charles H. Shattuck, B.: Doris Lande
15. 11. 1949	Carnegie Theatre Pittsburgh/Pa. R.: Lawrence Carra, B.: Paul Trautvetter
29. 3. 1950	University of Illinois, Lincoln Hall Theatre, Urbana/Ill. R.: Charles H. Shattuck, B.: Warwick Brown
22. 8. 1950	The University of Wyoming Laramie R.: Charlotte Perry, B.: William Kinzer
27. 11. 1951	Mount Holyoke College South Hadley/Mass. R.: Phyllis Ann Tatt
11. 1. 1952	Lewisburg High School Auditorium Lewisburg/Pa. R.: Harvey M. Powers jr., B.: Willard Smith/Carroll Barnes
30. 1. 1952	Little Theatre University Stanford/Calif. R.: Nancy Langston, B.: Hugo Melchione
16. 11. 1952	Städtische Bühnen Frankfurt/Main R.: Harry Buckwitz, B.: Teo Otto Sh.: Solveig Thomas
26. 2. 1953	The Playmakers Theatre, University of North Carolina, Chapel Hill/N.C.

20. 4. 1953	Stadttheater Mainz R.: Eberhard Müller-Elmau Sh.: Ursula Lillig
August 1954	Théâtre Municipal de Lyon R.: Roger Planchon, B.: René Allio Sh.: Isabelle Sadoyan
Oktober 1954	Beogradsko Dramsko Pozorište Belgrad R.: Soja Jovanović,B.: Vladimir Žedrinski Sh.: Olivera Marković
20. 11. 1953	Stadsteatern Malmö R.: Hans Dahlin, B.: Martin Ahlbom Sh.: Eva Stiberg
24. 2. 1955	Finnisches Arbeitertheater Helsinki R.: Ritva Arvelo
23. 3. 1955	Allegheny College Meadville/Pa.
31. 3. 1955	Städtische Bühnen Wuppertal R.: Franz Reichert, B.: Hanna Jordan Sh.: Sigrid Marquardt
15. 4. 1955	Nordmark-Landestheater Schleswig R.: Horst Gnekow, B.: Rudolf Soyka Sh.: Ilselore Mehne
30. 6. 1955	Kammerspiele München R.: Hans Schweikart, B.: Caspar Neher Sh.: Erni Wilhelmi
1. 11. 1955	Städtische Bühnen Freiburg i. Br. R.: Günther Sauer, B.: Adalbert Härtel Sh.: Liselotte Quilling
21. 12. 1955	Ballhof-Theater Hannover R.: Kurt Erhardt, B.: Ernst Rufer Sh.: Marilene v. Bethmann
6. 1. 1956	Volkstheater Rostock R.: Benno Besson B.: Willi Schröder Sh.: Käthe Reichel
5. 2. 1956	Bühnen der Hansestadt Lübeck R.: Ilo v. Janko, B.: Adolf Stripling Sh.: Eva Maria Bauer
18. 2. 1956	Teatr Domu Wojska Polskiego Warszawa R.: Ludwik Rene, B.: Jan Kosiński Sh.: Halina Mikolajska
18. 2. 1956	Mestno Gledališče Ljubljana R.: Jože Gale, B.: Vlado Rijavec Sh.: Julija Stariceva
9. 6. 1956	Crescent Theatre Birmingham

R.: Morris Fishman, B.: Lilac Tyler
Sh.: Patricia Hancock

28. 6. 1956 Silvermine School of Art Guild Players Norwalk/ Conn.
R.: Basil Burwell

19. 7. 1956 Hacameri-Theater Tel Aviv
R.: Josef Millo, B.: Teo Otto
Sh.: Orna Porat

31. 9. 1956 Royal Court Theatre London
R.: George Devine, B.: Teo Otto
Sh.: Peggy Ashcroft

18. 12. 1956 Phoenix Theatre New York
R.: Eric Bentley, B.: Wolfgang Roth (nach Teo Otto)
Sh.: Uta Hagen

7. 1. 1957 Théâtre National Brüssel
R.: Jacques Huisman, B.: Denis Martin
Sh.: Jacqueline Huisman

10. 3. 1957 Theater der Stadt Baden-Baden
R.: Herbert Fleischmann, B.: Helmut Göttl
Sh.: Xenia Pörtner

16. 3. 1957 Bühnen der Stadt Gera
R.: Hans Alva, B.: Theo Hug
Sh.: Olly Dille

6. 4. 1957 Katona Jószef Szinház Budapest
R.: Endre Gellért, B.: Tibur Toncz
Sh.: Ági Mészáros

11. 4. 1957 Bühnen der Stadt Köln
R.: Friedrich Siems, B.: Caspar Neher
Sh.: Edith Teichmann

3. 5. 1957 Landestheater Coburg
R.: Kurt Erlich, B.: Fritz Mahnke
Sh.: Marte Klose

24. 9. 1957 Nationaltheater Mannheim
R.: Heinz Joachim Klein, B.: Hansheinrich Palitzsch
Sh.: Aldona Ehret

5. 10. 1957 Berliner Ensemble
R.: Benno Besson, B.: Karl v. Appen
Sh.: Käthe Reichel

8. 11. 1957 Staatstheater Kassel
R.: Albert Fischel, B.: Lothar Baumgarten
Sh.: Evelyn Matzura

1. 12. 1957 Städtische Bühnen Nürnberg-Fürth
R.: Hesso Huber, B.: Ambrosius Humm
Sh.: Erna Möller

23. 1. 1958	Rainis-Theater Riga R.: Peter Peterson/Eduard Smilgis, B.: Paul Senhof Sh.: Dina Kuple
21. 2. 1958	Piccolo Teatro della Citta Milano R.: Giorgio Strehler, B.: Luciano Damiani Sh.: Valentina Furtunato
25. 2. 1958	Städtebundtheater Hof R.: Alfred Stögmöller, B.: Demetrius Rikakis Sh.: Hildegard Sieger
Februar 1958	Fränkisches Theater Bad Salzschlirf R.: Oskar Ballhaus, B.: Georg Weiß Sh.: Lena Hutter
26. 4. 1958	De Haagssche Comedie im Königlichen Theater Den Haag R.: Joris Diels, B.: Igael Tumarkin Sh.: Myra Ward
11. 5. 1958	Städtische Theater Leipzig R.: Arthur Jopp, B.: Bernhard Schröter Sh.: Gisela Morgen
14. 6. 1958	Maxim-Gorki-Theater Magdeburg R.: Gertrud Zillmer, B.: Eberhard Schwenk Sh.: Gretel Liebers
14. 7. 1958	Teatro I. F. T. Buenos Aires R.: Oscar Fessler, B.: Saulo Benavente Sh.: Marta Gam
18. 9. 1958	Nationalteatret Oslo R.: Arne Thomas Olsen, B.: Chr. Stenersen Sh.: Liv Strømsted
2. 10. 1958	Staatstheater Braunschweig R.: Helmut Geng, B.: Rolf Tschierschky Sh.: Ursula Herion
27. 11. 1958	Württembergische Landesbühne Eßlingen R.: Wilhelm List-Diehl, B.: Rosemarie Schubert-Hörburger Sh.: Marianne Simson
23. 1. 1959	Divadlo bratři Mrštiku Břno R.: Antonin Kurš, B.: Milan Zezula Sh.: Dagmar Pistorová
14. 2. 1959	Theater der Stadt Plauen R.: Fritz Wendel, B.: K. H. Schuster Sh.: Ingrid Richter
13. 3. 1959	Tavistock Repertory Company at the Tower Theatre Canonbury R.: David Thompson, Sh.: Myfanwy May
14. 3. 1959	Stadttheater Augsburg

R.: Helmut Gaick, B.: Heinz-Gerhard Zircher
Sh.: Barbara Gerlicher

12. 6. 1959	Teatro estudio Havanna R. u. B.: Vicente Revuelta, Sh.: Raquel Revuelta
14. 11. 1959	Stadttheater Basel R.: Adolph Spalinger, B.: Philippe Pilliod Sh.: Ann Höling
4. 12. 1959	Theater der Universitätsstadt Greifswald R.: Herbert Tietze, B.: Karl Rohde Sh.: Liane Düsterhöft
1959	Teatro Popular de Arte do Brasil Sao Paulo R.: Flaminio Bollini Lerri, B.: Tulio Costa Sh.: Maria Della Costa
1959	Theatron Technis Athen R.: Karl Koun Sh.: V. Zavitsianou
6. 1. 1960	Stadttheater Bern R.: Helmuth Ebbs, B.: Lois Egg Sh.: Julia Pall
21. 1. 1960	Työväen Teatteri Tampere R.: Eugen Terttula, B.: Ester Naparstok Sh.: Sylvi Salonen
4. 2. 1960	Bühnen der Landeshauptstadt Kiel R.: Willi Rohde, B.: Rolf Christiansen Sh.: Juliane Janzen
7. 2. 1960	Divadlo Oldricha Stibora Olomouc R.: Karel Novak, B.: I. A. Salek Sh.: Vera Bublikova
Februar 1960	People's Theatre Newcastle
8. 3. 1960	Schauspiel Marburg R.: Heinrich Buchmann, B.: Volker Benninghoff Sh.: Ursula Müller
9. 3. 1960	Theater der Stadt Bonn R.: Alfred Stögmüller, B.: Rolf Tschierschky Sh.: Ingrid Burkhard
12. 3. 1960	Merseyside Unity Theatre Liverpool R.: Jerry Dawson, B.: Roy und Jill Barnes Sh.: Pat Orme
1. 5. 1960	Landestheater Württemberg-Hohenzollern Tübingen R.: Hans Gaugler, B.: Jürg Erni Sh.: Eva Michel
12. 6. 1960	Hessisches Landestheater Wiesbaden R.: Detlof Krüger, B.: Ruodi Barth Sh.: Heidi v. Strombeck

Juni 1960	Royal Academy of Dramatic Art York R.: John Farnald
21. 8. 1960	Volkstheater Halberstadt R.: Werner Freese, B.: Siegfried Rennert Sh.: Anneliese Grummt
16. 9. 1960	Landestheater Darmstadt R.: Jack Witikka, B.: Hansheinrich Palitzsch Sh.: Renate Steiger
30. 9. 1960	Haiyuza-Theater Tokio R.: Eitaro Ozawa, B.: Ichiro Takada Sh.: Etuko Ichihara
6. 10. 1960	Landestheater Salzburg R.: Klaus Heydenreich, B.: Wolfgang Vollhard Sh.: Anneliese Stöckl
7. 12. 1960	Théâtre National Populaire Paris R.: André Steiger, B.: André Acquart Sh.: Michèle Nadal
17. 12. 1960	Pánstwowy Teatr Polski Wrocław R.: Andrzej Witkowski, B.: Jadwiga Przeradzka/ Aleksander Jędrzejwski Sh.: Halina Dobrucka
13. 1. 1961	Städtische Bühne Ulm R.: Peter Palitzsch, B.: Wilfried Minks Sh.: Katharina Tüschen
16. 1. 1961	Landestheater Detmold Gütersloh R.: Friedrich Kremer, B.: Günter Bauersfeld Sh.: Barbara Pluquet
18. 2. 1961	Städtische Bühne Heidelberg R.: Hansgünther Heyme, B.: Frank Schultes Sh.: Evelyn Matzura
4. 3. 1961	Schloßtheater Celle R.: Hannes Razum, B.: Hans-Günther Spornitz Sh.: Eleonore Schroth
6. 5. 1961	Deutsches Theater Göttingen R.: Eberhard Müller-Elmau, B.: Hans-Günther Spornitz Sh.: Margarete Homeyer
17. 5. 1961	Stadttheater Konstanz R.: Ettore Cella, B.: Paul Josef Komanns Sh.: Helga Bauer
28. 9. 1961	Det Koneglige Teater Kopenhagen R.: Søren Melson, B.: Jørgen Espen-Hansen Sh.: Lily Weiding
13. 11. 1961	Niedersächsische Landesbühne Hannover

R.: Reinhold Rüdiger, B.: Caspar Neher
Sh.: Anna Smolik

19. 1. 1962	Städtische Bühnen Oberhausen R.: Joachim Fontheim, B.: Hermann Soherr, Sh.: Christine Ostermayer
23. 2. 1962	Vydalo Jihočeské divadlo České Budějovice R.: M. Obst, B.: E. Milichovská Sh.: N. Prchalová / H. Bauerová
17. 3. 1962	Städtische Bühnen Bielefeld R.: Harry Niemann, B.: Walter Pietsch Sh.: Gertraude Lewisch
21. 3. 1962	Divadlo Komedie Prag R.: Evžen Sokolovský, B.: Vladimir Nývlt Sh.: Miriam Hynkowá / Libuše Švormová
März 1962	Pionjärteatern Lidingö R.: Per Edström, B.: Svenolov Ehrén Sh.: Gunilla Sundberg
28. 4. 1962	Theater der Stadt Brandenburg R.: Karl Gassauer, B.: Harry Leupold Sh.: Sonja Kehler
8. 5. 1962	Stadttheater Gießen R.: Heinz Schade, B.: Hans Hamann Sh.: Christa Scharnhorst
12. 5. 1962	Barnard and Columbia College German Departments New York R.: Lee Baxandall / Ronald Lee, B.: Al Woods Sh.: Susan Schoenfeld
30. 5. 1962	Akademitscheski Teatr A. Puschkina Leningrad R.: R. R. Suslowitsch / L. S. Wiwen, B.: S. M. Junowitsch Sh.: Nina W. Mamajewa
23. 6. 1962	Slovenské Národné Divadlo Bratislava R.: Josef Budský, B.: Zbyněk Kolář Sh.: Eva Kristínová
30. 6. 1962	Opsterlandse Toneelgroep Beetsterzwaag R.: J. W. Janitschek, B.: J. Allersma Sh.: Akke Ratsma-Douma
3. 10. 1962	Centre Dramatique de l'Est Strasbourg R.: Pierre Lefèbvre, B.: Serge Creuz Sh.: Alix Roméro
22. 10. 1962	Citizen's Theatre Glasgow R.: Piers Haggard, B.: Michael Knight Sh.: Anne Kristen

November 1962	Koninklijke Nederlandse Schouwburg Antwerpen R.: Walter Tillemans, B.: Paul Ivo Sh.: Julienne de Bruyn
9. 11. 1962	Stadsteater Göteborg R.: Staffan Aspelin, B.: Ingvar Danielsson Sh.: Ulla Sjöblom
27. 8. 1963	Repertory Theatre Birmingham R.: John Harrison, B.: Finlay James Sh.: Linda Gardner
9. 9. 1963	Thalia-Theater Hamburg R.: Dieter Reible, B.: Fritz Brauer Sh.: Margaret Carl
25. 9. 1963	Bühnen der Stadt Essen R.: Joachim Fontheim, B.: Hans Aeberli Sh.: Elisabeth Opitz
Oktober 1963	Victoria Theater Montevideo R.: Roberto Fontana, B.: Miguel Morosoff / Antonio Lopez de León Sh.: Nelly Geitiñe
5. 11. 1963	Stadttheater Luzern R.: Horst Gnekow, B.: Jürg Erni Sh.: Christiane Hammacher
5. 11. 1963	Marionetteatern Stockholm R. u. B.: Michael Meschke
6. 11. 1963	Städtische Bühnen Flensburg R.: Fritz Wendel, B.: Alexander Otto Sh.: Erika Wolf
7. 11. 1963	Theater am Domhof Osnabrück R.: Heinz Bender-Plück, B.: Wolfram Munz Sh.: Ruth Kenter
10. 11. 1963	Oldenburgisches Staatstheater Oldenburg R.: Wilhelm List-Diehl, B.: Domi Hahn Sh.: Marianne Simson
3. 12. 1963	Stschukin-Schauspielschule des Wachtangow-Theaters Moskau R.: Juri Ljubimow, B.: B. Blank Sh.: S. Slawina
13. 1. 1964	Landesbühne Wilhelmshaven Vechta R.: Günter H. Wittmann, B.: Werner Baer-Boutin Sh.: Gertrud Ukena
7. 2. 1964	Southern Illinois University's Theater Department R. u. B.: Mordecai Gorelik Sh.: Naomi Riordan
22. 3. 1964	Türk Tiyatrosu Istanbul

	R.: Beklan Algan, B.: David Pursley Sh.: Ayla Algan
März 1964	Unity Theatre London R.: Clive Barker Sh.: Patanne Fairfoot
18. 4. 1964	Stadttheater Pforzheim R.: Valentin Jeker, B.: Walter Pietsch Sh.: Christine Schrader
23. 4. 1964	Teatr drami i komedii Moskau R.: Juri Ljubimow, B.: B. Blank Sh.: S. Slawina
7. 10. 1964	Svenska teatern Helsinki R.: Carl-Axel Heiknert, B.: Holger Kvarnberg Sh.: May Pihlgren
4. 12. 1964	Csokonai Szinház Debrecen R.: György Lengyel, B.: Árpád Csányi Sh.: Ilona Béres
14. 1. 1965	Staatstheater Dresden R.: Hanns Matz, B.: Otto Gröllmann Sh.: Thea Elster
Januar 1965	Theatre Company Boston / Mass. R.: David Wheeler, B.: Robert Allen Sh.: Bronia Stefan
18. 2. 1965	Katedralskolens komedie Esbjerg R.: Lennart Edelberg, B.: Svend Andersen
März 1965	Vereinigte Bühnen Graz R.: Fritz Zecha, B.: Wolfram Skalicki Sh.: Libgart Schwarz
27. 3. 1965	Thomas-Müntzer-Theater Eisleben R.: Guy de Chambure, B.: Harro Neujahr / Peter Voigt Sh.: Christine Gloger
22. 5. 1965	Theater der Stadt Cottbus R.: Gertrud Elisabeth Zillmer, B.: Walter Böhm Sh.: Renate Köhn
30. 5. 1965	Württembergisches Staatstheater Stuttgart R.: Peter Palitzsch, B.: Gerd Richter Sh.: Katharina Tüschen
9. 12. 1965	Teatrul de stat Timisoara R.: Yannis Veakis, B.: Elena Veakis Sh.: Dora Chertes
11. 12. 1965	Badisches Staatstheater Karlsruhe R.: Willi Rohde, B.: Hainer Hill Sh.: Doris Gallert
16. 12. 1965	Lehrtheater des Instituts für Theaterkunst Sofia

	R.: Mois Beniesch, B.: Dobromir Petrow Sh.: Anastasia Sawinowa
6. 2. 1966	Stadttheater Ingolstadt R.: Georg Hahn, B.: Konrad Kulke Sh.: Juliane Stüfen
2. 3. 1966	Galway University College Players Limerick R.: Penny Cabot Sh.: Noreen Murphy
27. 3. 1966	Teatr im. W. Horzycy Toruń R.: Kazimierz Braun, B.: Jadwiga Pozakowska / Ali Bunsch Sh.: Tatjana Pawłowska
21. 4. 1966	Stadttheater Klagenfurt R.: Susanne Polsterer, B.: Günther Kilgus Sh.: Hertha Fauland
28. 4. 1966	Teatro Estudio Havanna R.: Vicente Revuelta, B.: Raul Oliva Sh.: Raquel Revuelta
2. 6. 1966	Stadttheater Saarbrücken R.: Brigitte Dryander, B.: Ewald Meyer Sh.: Antje Geerk
3. 9. 1966	Schleswig-Holsteinische Landesbühne Rendsburg R.: Hans-Walther Deppisch, B.: Jürg Erni Sh.: Gisela Storck
12. 10. 1966	Stadttheater Aachen R.: Friedhelm Schauwienhold, B.: Erich Döhler Sh.: Susanne Huber
27. 11. 1966	Deutsches Fernsehen Süddeutscher Rundfunk R.: Fritz Umgelter, B.: Walter Dörfler / E. W. Sauter Sh.: Nicole Heesters
31. 3. 1967	Schloßparktheater West-Berlin R.: Hans Schweikart, B.: H. W. Lenneweit Sh.: Luitgard Im
13. 5. 1967	Landestheater Linz R.: Alfred Stögmüller, B.: Heinz Kottel Sh.: Christa Schwertfeger

Anmerkungen

S. 7. *Die Maske des Bösen.* Die Photographie gibt die japanische Maske aus Brechts Arbeitszimmer wieder.

S. 11. *Notizen zur Arbeit am Stück.* Die Notizen wurden zuerst in *Spectaculum,* Band I, Suhrkamp Verlag Frankfurt/Main (56.–70. Tausend 1962) veröffentlicht.

S. 17. *Fanny Kress.* Handschriftlicher Entwurf aus einem Notizbuch.

S. 17. [zu]: *Die Ware Liebe.* Zusammenstellung aller Texte, die in Brechts Nachlaß unter diesem Titel aufgefunden wurden.

S. 19. *Plan 182/5.* Der 1. Plan des Stückes wurde wahrscheinlich im April 1939 geschrieben. Auf dem Blatt (182/5) stehen hinter den Szenen Buchstaben, und zwar hinter den Szenen 1, 3, 6 der Buchstabe H, hinter den Szenen 2, 4 der Buchstabe T, hinter den Szenen 5, 7, 8 die Kombination T & H. Vermutlich sind damit die Auftritte der Hure, des Vetters sowie beider innerhalb der Szenen gekennzeichnet.

S. 19 u. 20. *Pläne 181/29–35 und 181/37–40, 46–50.* Um Vergleichsmöglichkeiten zu schaffen, wurden aus den umfangreicheren Plänen nur die Typoskriptpartien übernommen. Beide Pläne enthalten außerdem – wie der große Arbeitsplan (S. 23) – zahlreiche handschriftliche Eintragungen. Im 2. Plan (181/29–35) sind die Auftritte des guten Menschen (durch den Buchstaben M) den Szenen 0, 1, 3, 6, die Auftritte des Vetters (durch T) den Szenen 2, 4, 8, 9, beider Auftritte (durch MuT) den Szenen 5, 7, 10 zugeordnet. Der 3. Plan (181/37–40, 46–50) enthält keine solchen Zuordnungsvermerke.

S. 23. *Großer Arbeitsplan.* Der große Arbeitsplan ist einer der Pläne, die Brecht anfertigte, um den Stoff genau aufzuteilen. Gewöhnlich hingen Pläne solcher Art von Stücken, mit denen er sich beschäftigte, an den Wänden seines Arbeitszimmers. Von den verschiedenen Plänen zum ›Guten Menschen von Sezuan‹ gibt der hier wiedergegebene große Plan (181/1–10) vielleicht den besten Einblick in Brechts Arbeitsweise.

S. 24. *Pläne für die fünfte Szene.* Die wiederholten Umarbeitungen betrafen insbesondere die fünfte Szene (vgl. dazu Brechts Eintragung vom 9. August 1940, S. 14 dieses Bandes). Die Pläne sind hier in der Reihenfolge angeordnet, in der sie in der Mappe 181 des Bertolt-Brecht-Archivs liegen.

S. 31. *Fassungen einzelner Szenen.* Der wiedergegebene normale Drucktext entspricht jeweils den Typoskripten. Alle handschriftlichen Korrekturen, die in den Originalen jeweils über den Textpassagen stehen, sind in dieser Ausgabe als Fußnoten gedruckt. Die Abkürzungen bedeuten: Hs. = Handschrift Brechts; St.Hs. = Handschrift Margarete Steffins; Erg. = Ergänzung; Korr. = Korrektur (in diesen Fällen ist der anderslautende Text des Typoskripts getilgt und durch den neuen Text ersetzt worden); Alt. = Alternative (Brecht hat in solchen Fällen neue Vorschläge notiert, sich aber noch nicht dafür entschieden).

S. 86. *Arbeitsnotizen und Bruchstücke.* Die Notizen sind verschiedenen Archivmappen entnommen. Sie stellen Arbeitsmaterial dar, das Brecht teilweise einarbeitete, teilweise aber auch nicht benutzte. Der Text *Sezuanstück* (S. 89 f.) bezieht sich nach einer handschriftlichen Notiz auf die finnische Fassung des Stückes vom April 1940.

S. 95. *[Fragment einer Fabelerzählung.]* Brecht nannte in diesem wahrscheinlich sehr früh geschriebenen Text den guten Menschen Mi-Lung. Da der Name nicht mehr auftaucht, wurde zum besseren Verständnis die spätere Benennung Li Gung eingesetzt.

S. 95. *Zeitungsbericht.* Der Text wurde zuerst in den »Schriften zum Theater« Suhrkamp Verlag Frankfurt/Main 1963, Band 4, S. 134 ff., unter dem Titel »Die Fabel als Zeitungsbericht« gedruckt; siehe auch: Brecht, Gesammelte Werke in acht Bänden, 1967, Band VII, S. 1157, sowie Brecht, Gesammelte Werke in 20 Bänden, 1967, Band 17, S. 1157.

S. 100. *Der gute Mensch von Sezuan.* Als Anhang zu einem Textmanuskript (Mappe 2149), das dem Bertolt-Brecht-Archiv erst spät zugänglich wurde, fand sich die hier abgedruckte Fabel des Stückes, die gegenüber dem *Zeitungsbericht* (S. 95) bereits neue Gesichtspunkte verarbeitet. Die Fabel entspricht freilich nicht der Endfassung des ›Guten Menschen von Sezuan‹. Der Herausgeber hat deshalb die abweichende Schreibweise der Namen (Chen-Te und Chui-Ta) beibehalten.

S. 109. *Gestaltung antagonistischer Konflikte bei Brecht und Kaiser.* Die Studie von Karl Heinz Schmidt erschien zuerst in den *Weimarer Beiträgen,* Aufbau-Verlag, Berlin und Weimar 1965, Heft 4, S. 551–569. Der Verfasser hat seinen Beitrag für diese Ausgabe überarbeitet.

S. 134. *Interpretation des ›Guten Menschen von Sezuan‹.* Der Aufsatz ist dem Buch: Volker Klotz, Bertolt Brecht / Versuch über das Werk, Hermann Gentner Verlag, Bad Homburg v. d. H., 1961², S. 15–26, entnommen.

S. 145. *Über die dramaturgische Funktion der Musik Paul Dessaus.* Die Studie ist ein Abschnitt des Buches von Fritz Hennenberg, Dessau/Brecht/ Musikalische Arbeiten, Henschel-Verlag Berlin 1963, S. 114–121.

S. 155. *Anhang.* Die Aufführungsliste nennt die im Bertolt-Brecht-Archiv bis zum Dezember 1966 registrierten Aufführungen. Aufführungen mit ungenauen oder zu unvollständigen Angaben wurden in die Liste nicht aufgenommen. Aufführungsliste und Bibliographie werden im einzelnen noch unvollständig sein. Herausgeber und Verlag sind für jeden korrigierenden und ergänzenden Hinweis dankbar.

Nachwort

Bei der Sammlung von Material über Brechts Stück »Der gute Mensch von Sezuan« sah sich der Herausgeber vor einem Dilemma: Es fanden sich nur relativ wenige Beiträge, die Informationen über das Stück gaben. Brecht hatte das Stück selbst nicht inszeniert, so daß auch Probennotate, wie sie in den vorangegangenen Materialienbände geliefert wurden, nicht vorlagen. Zwar wurde der »Gute Mensch von Sezuan« an vielen Theatern in der Welt inszeniert, dennoch gibt es kaum publizierte Notizen von Regisseuren über ihre Arbeit.
Die Nachforschungen im Bertolt-Brecht-Archiv förderten freilich so interessantes Arbeitsmaterial zutage, daß es möglich schien, aus der Not eine Tugend zu machen: Für den Materialienband wurden Texte zusammengestellt, die einen Einblick in den Arbeitsprozeß am Stück geben. Dieser Aspekt mag zunächst nur für den Philologen interessant erscheinen. Bei näherem Studium wird sich aber herausstellen, daß eine solche Materialsammlung auch für andere Leser Gewinn haben kann.
Brecht hat an seinen literarischen und essayistischen Arbeiten kritisch gearbeitet, das heißt: gefundene Fassungen immer wieder überprüft, korrigiert, geändert, gänzlich umgearbeitet. Jeder Arbeitsprozeß ist für denjenigen, der Brechts Methode kennenlernen will, ein erregendes Experiment. Eines der Probleme, Brechts Werke zu edieren, besteht gerade darin, die einzelnen Fassungen zu ermitteln, in ihrer Abfolge zu bestimmen und somit den »gültigen« Text zu finden.
Am Stück »Der gute Mensch von Sezuan« hat Brecht gearbeitet wie an fast allen anderen: Der Plan liegt weit zurück. Zum Thema wurden in verschiedener Form (zum Beispiel der des Zeitungsberichts, der Fotografie und so weiter) Stoff gesammelt. Nach häufig veränderter Konzipierung des Gesamtplans wurde das Stück in relativ kurzer Zeit erstmals niedergeschrieben. Nun arbeitete Brecht das Stück mehrfach um. Die Änderungen betrafen Szenenaufteilung wie Fabeldetails, Haltungen der Figuren wie Motive ihrer Handlungsweise. Ja, sogar die Namen der dramatischen Personen unterlagen einem ständigen Wechsel.

Mit dem Materialienband soll der Versuch gemacht werden, Brechts Arbeitsweise mit einigen Beispielen aus einem Stück deutlich zu machen. In diesem Sinne müssen die ausgewählten Texte als Zitate verstanden werden: Sie sollen zu gründlicheren Studien anregen, die mit Hilfe des umfangreichen Materials im Bertolt-Brecht-Archiv nicht nur möglich, sondern auch nützlich sind. Der Band gibt einige Stückpläne wieder, die Brechts genaue und gründliche Vorbereitung der Arbeit demonstrieren. Unter den zahlreichen Textfassungen wurden insbesondere Varianten eines szenischen Details der fünften Szene aufgenommen, die Brecht am häufigsten umarbeitete. Leider kann der Band keinen Einblick in Brechts Technik der Bearbeitung geben: In der Regel wurden vorliegende Texte nicht nur handschriftlich korrigiert, sondern zerschnitten, in neuer Reihenfolge zusammengeklebt und mit Einfügungen anderer Art ergänzt. Die Texte des Bandes wurden aber so gedruckt, daß der Leser alle jeweiligen Änderungen leicht übersehen kann. Brecht bevorzugte es, die Fabel eines Stückes durch sachliche Berichte zusammenzufassen und damit ihre Erzählbarkeit zu überprüfen. Die vorliegenden Fabeltexte machen dieses Vorgehen als ein Mittel im Arbeitsprozeß bekannt, denn beide beziehen sich nicht auf die »letzte« Fassung des Stückes. Das endgültige Kriterium für einen Text, seine Überprüfung bei der Inszenierung des Stückes auf dem Theater, konnte von Brecht nicht mehr angewendet werden.
Die ständige Arbeit an einem Stoff, die immer wieder kritisch vorgenommene Überprüfung der richtigen künstlerischen Lösung das alles sind wesentliche Merkmale des realistischen Stückeschreibers. Brecht wandte auch auf die eigene Arbeit den Grundsatz an, daß das Wort des Dichters nur soweit heilig ist, wie es wahr ist.

Werner Hecht

Alphabetisches Verzeichnis der edition suhrkamp